这个世界能有多美好，取决于我们有多爱自己。

你有权以自己的方式长大・・・

Clara写意 著

CNS PUBLISHING & MEDIA 湖南文艺出版社 HUNAN LITERATURE AND ART PUBLISHING HOUSE 博集天卷 CS-BOOKY

目录 CONTENTS

Chapter 1 成长，就是长成你想要的样子

Chapter 2 时间都去哪儿了

Chapter 3 真爱需要棋逢对手

Chapter 4 每个女人的内心都住着一个女汉子

Chapter 5 你最重要

Chapter 6 让过去的去，让未来的来

Chapter 1

成长，就是长成你想要的样子

她活在当下，哪怕当下不美、不贵、不值得炫耀，抑或令人难堪。她坦然面对，从容处理。你观察她，她未必注意，也不会因此改变自己的风格；你忽略她，她亦未必注意，也不会因此怀疑自己或敌视你。

002

你有权以自己的方式长大

亲爱的办公室新鲜人小姑娘：

就在刚才，在洗手间里，我听出了在隔间里伤心哭泣的人是你。回到办公室，面对电脑里瞬间涌入的十多封邮件，我突然发现，即使是最好的现磨蓝山咖啡也无法让我平静下来，于是我开始给你写这封信。我知道在你的眼中，我忙碌得要发疯，无情得像个碧池[1]，又无趣得要死，所以我写这封信你一定吃惊至极，但是我写了，因为我并不真的那么忙，也不无趣。

我想，今天对你来说，一定是很艰难的一天。早上，你红着眼睛来上班，我知道你一定又和男朋友吵架了。上午你接了一个电话，脸色立刻黯淡了，是房东要涨房租。度过了这样的半天，也就难怪在下午的会议上，你做幻灯演示的时候语无伦次，以尴尬

[1] 碧池，网络用语，意为“贱人”。

的沉默告终。接着，在我向你要上周就交给你做的报表，而你说你还没做好的时候，我板着脸告诉你，如果你不搞明白什么事情是不能拖的，后果将十分严重。然后我就去忙自己的了。你也许没注意到，我也有自己的上司，如何让他满意是我每一天最头疼的问题。直到我在洗手间里听见你的哭泣，我才又想起你来。你哭泣的声音还那么稚嫩，于是我一下子想起，你才二十三岁。

我在二十三岁的时候是什么样子的？碰巧，我记忆中最清晰的也是一次哭泣。那天，我现在的老公，也就是当时的男朋友和我在电话里分手，我独自去火锅店吃了一大锅毛血旺，接着发现我的皮包被偷了，所有的生活费和银行卡都在里面。刚从警察局报案出来，我接到了大学同学的电话，邀请我去喝她的喜酒。说是因为心疼红包有点丢脸，但是在当时那确实是骆驼身上的最后一根稻草——我就那样在冬日的街头，不顾过往行人诧异的目光，放声大哭。

也许生活要让每一个女孩都从一场痛哭开始，认清它玫瑰色面纱后的真面目。而每一个女孩在生命中的某个时刻，都会被这样的严酷恐吓得失去斗志。但是，亲爱的小姑娘，我向你保证，你这一辈子的幸福与苦难，绝对都在你的承受范围以内。生活比你还要了解你自己，它可狡猾了，它给你的苦涩，永远让你失望而又不至于绝望，而给你的甜蜜，永远让你浅尝辄止又充满想头。总而言之，it sucks，but you will love it[1].

---

[1] 意为“生活很糟糕，但是你会爱上它的”。

人在二十多岁的时候，总是愿意相信一句话：生活在别处。你们很轻易地放弃一份工作，很轻易地放弃一段爱情，很轻易地放弃一个朋友，无不因为这种相信。可惜人要到很久之后才能明白，这世上并不存在传说中的“别处”。你所拥有的，也不过是你手上的这些。而你兜兜转转最终得到的，也不过是你在第一个站台错过的。所以，小姑娘，我要对你说出今天的第一句忠告：好好工作。工作是一切并非天生就是公主的女孩成为女王的唯一方式。工作是一切自由幻觉中最接近现实的一种。更重要的是，工作帮助一个女人学会爱自己，然后她才能好好地爱别人、爱这个世界以及被爱。

我知道，在你的眼里，三十多岁的女人已经老得如同隔夜菜了，四十多岁的女人就可以去死了。没关系，我不介意，因为我自己在二十岁出头的时候也是这样想的。让我再告诉你一句话：比老去更可怕的是老了老了，还没在社会上找到自己的位置。所以，亲爱的小姑娘，你得抓紧了，否则你一回首便是三十身。

现在的你，距离成为一个成熟、专业的职业女性，还差得很远。你看，当你穿着泡泡纱公主裙来上班，或者在我和你谈话的时候顺手抓起一个文件夹支着下巴，作为一个女人及一个妈妈，我觉得你十分可爱，可是下一次我考虑给下属升职的时候，我可能无法选择你。

我不需要你加班，小姑娘，我也不需要你在我走近的一刹那把QQ页面关掉。我们这儿是外企，一切都是结果导向，苦劳不计入分数。但我还是劝你，不妨用功一点。一个人的时间用在哪里是看得出来的。别跟着那些老男人小男人抱怨社会，你改变不了社会，也不可能重新选一个爸爸，对不对？你能改变的只有你自己。

但你也不是真的干得那么差。怎么，你有这种感觉吗？哦，对不起，那可能是我有意为之的。事实上，当你在会议上声音颤抖地阐述你的新模型的时候，会议室里那一片死寂代表的并不是不屑，而是震惊。因为长江后浪推前浪，我们这些前浪害怕死在沙滩上。我们当然不能让你发现我们被推倒了。

现在，让我们聊一聊爱情。鉴于我们都是异性恋，我们姑且把这一点简称为“男人”。我二十三岁那年错爱了一个不值得的男人，导致了我和现在的老公，也就是当时的男朋友分手。还好后来我有机会回头。而你，亲爱的小姑娘，我不得不说，你分明也在一场错爱之中。这一点我从你红着眼睛来上班的次数就可以知道。不过没关系，女孩的二十三岁如果不浪费在错爱之中，那么简直就是一种浪费。过一段时间，你一定会像当年的我那样明白过来：爱情，归根结底是为了快乐。虽然现在有一个流行的词叫作“虐恋”，但生活不是电视连续剧，和Mr. Wrong[1]一味纠缠下去也拿不到片酬。

其实大多数男人都不懂得，虽然自古有“男人不坏，女人不爱”之类的废话，但是泡妞还得靠诚意。女人的心灵结构是这样的：最外面的一层属于没有希望的追求者带给我们的小心动，中间的

---

[1] 即错误的人、不适合的人，与Mr. Right（对的人，真命天子）相反。

一层属于会伤我们心的坏男人，而最深、最珍贵的心灵角落，永远只属于那个能让我们真真切切地感受到爱的男人。

我说得对吗？仔细感受一下，你的现任男友伤过你的心很多次，但你在流泪的同时又隐隐觉得，其实他并未触碰到你心深处那最细腻敏感的地方。别怀疑，你值得更好的。如果将你比喻成《阿凡达》中的奈蒂莉（该片女主角），那么他根本从未完成过“联结”。

最后是金钱。恭喜你，你开始意识到钱的重要性了！请你清楚地明白这一点：在你大学毕业之前，生活不是不严酷，只是当时是你的父母在为你付账单。而现在，你进入社会了，你自觉地将许多欲望视为自己的责任了。

你毕业于不错的大学、不错的专业，口齿伶俐，相貌清秀，谢天谢地，你还有大胸！我觉得你真的可以算是非常幸运的女孩了，你觉得呢？其实我也觉得自己十分幸运能够以这样的薪水雇到这样的你，当然我不会告诉你的。等到你自己发现的那一天，我再适当地给你加一点薪水。

你是这样幸运，你却羡慕我的房子、我的车、我的钻石耳钉。我都不知道你在羡慕些什么。我有的岁月都会带给你，而你有的我再也不会重新得到。你真的没有必要因为你的衣服不如别人、包包不是名牌，或者存款还不到五位数而觉得不安。因为我们每一个人都是这样过来的，再也没有比二十三岁的贫穷更理直气壮的事情了。相反，你不知道当你的年轻肌肤上带一点汗水，在我们这些老家伙的眼中是怎样千金难买的美好。

我不是说我羡慕你，因为我自己的二十岁过得足够耀眼。其实我喜欢现在的自己。我喜欢每一个阶段的自己。电视里常常有女明星受访的时候这样说。别怀疑，这是真的。在我二十多岁的时候，我就像没戴眼镜的近视眼，这个世界在我的眼前是一片混沌，唯一清晰的只有我青春美丽的身体。但现在，这个世界对我来说，很清楚。我眼前的路、我眼前的人，当然也包括你，都很清楚。

写到这里，我突然发现，如果我有机会回到十年前，我不会改变任何一件事情，因为我舍不得每一个选择带给我的回忆，即使这些回忆并不完全是美好的。所以，亲爱的小姑娘，虽然今天对于你来说，天是暗的，风是冷的，也许喝口凉水都会塞牙，但是，我多希望你能了解，一切最终都会化为一个会心的微笑。请好好享受你的二十三岁，努力而不费力地等待岁月为你揭晓答案。

你看，生活总是出其不意。你在洗手间里的一次哭泣，居然让你的上司老女人理解了二十三岁时的她自己。为此，我要谢谢你。同时，我只会将这封信存在我的电脑硬盘里。因为，亲爱的孩子，你有权以自己的方式长大。

你的上司老女人

快打开你的礼物

适逢哈佛大学的知名教授迈克尔·桑德尔在上海做公开演讲。与他的“公正”哲学课相比，更让我感兴趣的是他的个人经历。

他坦白承认，和当下许多年轻人一样，他当年选择读研的理由是还没有想好干什么。在此之前，他当过实习记者，获得了经济学学位，甚至考虑过从政，但都没有找到那种被“勾住了”的感觉，一直到他在旅行途中读了《纯粹理性批判》这本书，突然之间，他就知道自己未来要干什么了。

人生是奇妙的旅程，无论你是不是有幸做自己想做的事，都只能匆匆走一趟单程。时间并不会因为你迟迟找不到正确的轨道而过得慢一点。也许你并不喜欢现在的生活，但是你安慰自己：我只是在调整，在忍受，这只是一个过程。可惜一不小心，这个过程就耗去了你半生的时间。

过程变成了结果，暂时变成了永久，这是多么可悲的事。更加可悲的是，这样的人还为数不少。他们往往在年轻的时候选择了并不真心喜欢的专业，然后又出于偶然或必然走进了并不真心喜欢的行业，随后便在食之无味、弃之可惜的生活中瞻前顾后，得过且过，渐渐地学会欺骗自己，遗忘了什么是梦想和真正的快乐。

如果迈克尔·桑德尔当年选择以记者或者政客为生，他也许会被淹没在汲汲营营的同行中，最终以不让上司发火和维持一家老小的中产生活为人生目标。更重要的是，他不会如今天这般快乐。他擅长的是引发人们的思考而不是用笔头表达，这可能会阻止他成为一名出色的记者；他着迷的是追求真正的公平和正义，而这显然与政客的职业目标并不吻合。一个明星教授原本可能成为一个烂记者或者一个坏政客，这真是一个让人后怕的事。

一个人能做什么，并不等同于他想做什么，但是想做是能做和做好的第一前提。特别是工作一段时间以后，你会发现，那些在初入职场时会吸引你的东西，例如新鲜感、虚荣，甚至是因为高薪而产生的满足感、和优秀的团队一起工作的自豪感，都不再吸引你，而唯一能够长久地吸引你投入一份工作，使之真正地成为你的事业而不仅仅是谋生工具的，只有内心的热爱。

公平的是，每个人都能找到他与众不同的热爱和擅长的东西。就像哈利·波特在自卑的时候突然发现自己会骑扫帚。我在外企当部门经理的时候，一度对我的部门秘书很不满意。对秘书来说，最重要的素质就是仔细，而这个小姑娘远远谈不上是个仔细的人。开会忘带资料、日程屡屡出错，甚至我一早交代她的重要客户下了飞机，她还没给对方订酒店，因为她忘了！可以说，当时让我没下定决心开掉她的理由，就是她总是满脸带笑，让人不忍心责备，即使责备她，她的认错态度也总是特别好。

一直到有一次，我和她一起坐高铁到苏州出差。这一路上，我发现了她的神奇之处。从上出租车开始，一直到上了高铁，她一路都在交朋友。在高铁上，她三言两语就和邻座攀谈起来，对方居然像遇到老朋友一样，将自己做生意的艰难之处和盘托出。在苏州的出租车上，她又和出租车司机聊了一路，甚至从近期出租车的生意情况，聊到了金融危机对苏州的影响。

那一次出差回来，我找她谈了话，我告诉她，她会一直是一个差劲的秘书，但她是一个天生的销售。我想办法推荐她去了销售部门，结果现在，她是全公司最年轻的销售主管，而且，她非常自信，非常快乐。

我们可以想象一下相反的情况。让一个喜欢和事而不是和人打交道的、胜在仔细而不是交际能力的人去当销售，那他一定会是一个痛苦而糟糕的销售。在这一份工作里于你而言是蜜糖的素质，放到另一份工作里，可能就是砒霜。

英文中“gift”的意思，是天赋，也是礼物。上帝在我们每个人出生的时候都为我们准备了礼物，不过你要先打开它才能使用。最让人振奋的是随着世界向前发展，社会分工越来越细，人们也越来越包容，无论你的礼物是什么，一定都有它运用的空间。

如果你喜欢种花，那么你可以当园艺师；如果你喜欢烤面包，那么你可以当西点师；如果你什么都不喜欢就喜欢购物，那么你可以当代购或者形象咨询师；如果你擅长经营人际关系，那么你会是一个好公关。

总而言之，最重要的是要找到你真正喜欢和擅长的事情，千万不要逗留在不适合自己的领域里，以己之短攻人之长，然后就轻易得出“我是个loser[1]”的结论。

你的礼物在哪里？你找到它、打开它了吗？

---

[1] loser，失败者。

人 生 中 的 第 一 份 工 作

你问我该不该接受那份工作——你人生中的第一份工作。
我当然问你它是不是你想要的，你对它有没有热情。
你说不知道，你不知道自己想要的是什么。我对这个答案毫不吃惊。

我又问你希望十年后的自己是个什么样的人，过着什么样的生活。
你仍然回答不知道。你说你只觉得一片迷茫，担心在无意中错过最好的机会。
我对这个答案，依然毫不吃惊。

大学毕业的时候就能清楚地了解自己，知道自己想要什么、适合什么的人，是极少数的幸运儿，他们或是有早熟的智慧，或是有苦难的经历，或是有睿智的父母。大多数人，譬如你，譬如我，彼时都只刚刚完成身体的发育，而心灵的发育，才走到小鸭子啄破蛋壳的那个时间节点，怀着鲜嫩的友善面对这个世界。我们懂得了怎样洗衣服、怎样煮方便面，可这不等于我们懂得怎样应付生活。

这个世界对我们还算友善。可能是因为年轻，我们自觉地将姿态放得很低，一点点的客气，对我们来说就足够荣幸。而我们对自己的了解，无论是身体还是心灵，都还停留在一知半解的程度。这其实怨不得我们。因为彼时我们的身体和心灵都还只能算是半成品，要待与社会磨合，与爱人磨合，它们才会成型，变成它们终究会变成的样子。用第一份工作来了解自己，听起来是一件太奢侈的事情，却往往无法避免。

我的第一份工作，在当时看来也是最好的机会。光鲜亮丽的外企白领生活，出入五星级酒店，周一早上打飞的[1]在总部与分部之间来回，来自七大洲四大洋的同事用一个下午的时间在会议室里开展头脑风暴。

表面上看来，我应该感到幸运和满足。但我在内心深处知道，我其实一丝一毫都不快乐，而且这种不快乐随着时间的推移日益加剧。当我在这份工作中越来越了解自己，我开始明白，它不是我想要的。它不能让我感觉到与人的联结、对生活的思考以及年轻的活力，而这三点是构成我的快乐必不可少的要素。

当然，我也可以选择不快乐。很多人工作着都未必快乐，我这样告诉自己。然后有一天早上，当我再次穿上套裙，对着化妆镜细细描画自己的时候，我突然想到一个词——画皮。

---

[1] 指出差时坐飞机。

我在画皮，画自己的皮，这里指的不仅仅是皮肤而已，我这一整副忙碌的皮囊，都是假象，我只是在扮演自己，扮演一个白领丽人的角色。而实际上，在这个画出来的皮底下，没有热情，没有心灵，只有空虚，只有一具行尸走肉而已。

一个人可以短时间勉强自己，但绝不可能长期勉强自己做让自己不快乐的事情，能够让你长时间当作事业而非仅仅一份工作去投注热情的，一定是真正适合你、让你感觉到快乐的事情。

有一次看对杨澜的专访，她说自己每天工作十个小时，已经连续十七年了。像这样长期高负荷工作，甚至模糊了工作与生活的界限，一定是因为她爱她的工作，爱她所做的事情，爱到甚至不介意工作成为生活的一部分。

现在跨界转行的故事越来越多，其中的主角通通是年过三十的白领，在一个偶然的机会下进入了与以往工作完全不相关的领域，于是抛弃一切，从零开始。你以为那是勇气或者率性，其实不是，那是内心迫使他们做出的选择。

如果过了三十岁，一个人还在画皮，还在“扮演”自己而不是做自己，他会吓得睡不着觉的。所以，别羡慕杨澜，也别羡慕奥巴马，如果你内心不是一个国王，就算送给你一个王国你也不会觉得快乐。反过来说，如果你的内心告诉你坐在大太阳底下刷墙头最快乐，那么你就好好地去考虑怎样当好一个粉刷匠。因为只有这件事是你可以做好并且让你感觉快乐的，同时，因为快乐，你还会越做越好。勉强自己，区别不过是三十岁的时候开始当粉刷匠还是四十岁的时候开始当粉刷匠，如果你早一点开始，说不定到四十岁的时候你刷过的墙已经很多很多。

好在这个社会提供给我们的选择越来越多，无论我们想当国王还是粉刷匠，都可以靠管理一个国家或者粉刷一个墙头生活下去。

所以，我想告诉你的是，用第一份工作的两三年时间来了解自己，这是你必须付出的代价。你现在所能做的，就是抓住你可以抓住的最好机会，然后，在某一个早晨，如果你就像当年的我一样，惊觉自己正在做的事情是画皮，那么撕破那个面具，早日奔向属于你的海洋。

郭巨為母埋兒
郭巨为母埋儿
王裒聞雷泣墓
王裒闻雷泣墓

Trying to Be Nice

在外企待过的人，应该都对一句话很熟悉：Trying to be nice。这句话的大意是“努力表达善意”。Nice约等于中文里的“好人”，而trying表现出为了当一个好人有多努力。

“老好人”在中文里是一个接近贬义的词，但trying to be nice在外国人的文化环境里举足轻重。这个往深了说，就要说到所谓真善美的问题。虽然这三个字仍然是全人类共同追求的主题，不过在环球风景这边独好的今天，关于“高贵”这种人品的定义，可能外国人侧重于“高”，而我们侧重于“贵”。这一点其实怪不得我们，人家用几百年走完的路程，我们要用几十年走完，难免急了一点，有些内在的东西，要待稍后去补。

我刚开始工作的时候，所在的分公司有一个惯例。每周一，所有的人会收到一份工作周报，里面汇集了过去一周以来总公司及业内的大小消息，再加上一些幽默和打气的话语。这份有趣的工作由分公司的全体人员轮流承担。

作为一个新人，周报的工作很快就轮到我做了。这对我来说是一个很大的挑战，不仅因为我对工作还不够熟悉，还因为这份周报需要用全英文制作。经过一周的精心准备，我将周报发到了协调人分公司总经理秘书那里。

周一早上，我收到总经理秘书的邮件，她首先称赞我的周报有趣极了，“像是给日常工作吹来了一阵清新的风”。然后，她表示，有些地方她做了微调，希望我不要介意。我看了她发回来的周报，那些生涩的语法全部换成了流畅自然的表达，而且在最大程度上保留了我的原意。其实修改语法并不是她的本职工作，她只是不想让一个年轻女孩在分公司的第一次公开亮相蒙上阴影。对于这样的善意，我当然满怀感激。

工作一段时间之后，我开始与上司一起去拜访重要客户。其中有一次，我们与汇丰银行亚太区的运营总监预约了一个小时的会谈。同行的除了上司和我，还有一个尚未正式毕业的实习生。总监先生是香港人，具有香港人的典型特征：动作简练，言语直接，彬彬有礼。交换名片的时候，实习生有些尴尬地表示自己还没有名片，正巧总监先生的名片用完了，仅剩的两张给了我和上司。这个略显凝滞的时刻就这样过去了，我们坐下来开始谈话，谁都没有把它放在心上。实习生经历的尴尬和我刚进公司的时候经历过的尴尬一样，所有的人都觉得再正常不过了。

这时，总监先生停下来打了个电话。稍迟，他的秘书轻轻地进来，递上四杯咖啡和一张名片。总监先生特意起身，将名片补交给了实习生。我得承认，在那一刻，我们都被一种善意唤醒了。这么简单的温暖，却常常被人们以忙碌的名义忘却，而那些真正忙碌的人反而没有忘记它们。

我想，那也许是因为他们已经看得太多，所以看穿了这个世界的真相，它无非是由一个又一个的人组成的。而我们作为人所能做的最有意义的事莫过于让同类觉得更加温暖。

但表达善意也有不受欢迎的时刻。我和代理商打交道的时候，有一个项目，代理商的负责人是一个风风火火的男士，热忱坦白，非常容易让人信赖。可是在实际的执行过程中，我发现他在很多细节上都缺乏专业性。事前用对人的信赖代替了对流程的严苛，事后只会带来更大的麻烦。我几乎是疲于奔命地跟在他的身后弥补漏洞，但是面对那张憨厚的笑脸，好像总是说不出严厉的话来。

项目最终还是磕磕碰碰地结束了，做项目总结的时候，我的上司问我，为什么这个项目会这样曲折，有这么多的突发状况。我分析了对方负责人的特点后，上司有些吃惊地说：“我一直以为你很欣赏他！”我苦笑着说：“I'm just trying to be nice! [1]”我的这

[1] 意为“我只是在努力表达善意”。

个想法被上司坚决地否定了。他说，和专业的人一起做专业的事情，这才是最大的善意。

至此，我才明白，“老好人”之所以为人诟病，是因为那是对原则无底线的退让。而trying to be nice是在细节上对人的体贴，在不涉及原则问题的情况下，传递人与人之间的温暖，但一旦涉及原则问题，就绝无商量的余地。

香水味和签名档

这座位于中环皇后像广场旁的写字楼中，出出入入的美女为数不少，Lisa（莉萨）绝对是让人难忘的一个。她那款混合着香橙又带点葡萄酒气味的香水，是许多女人遍寻不着而许多男人心驰神往的。早上的电梯间里，有人迈入后的第一句话就是："Lisa已经到过了。"其余的人则会心一笑。

和Lisa异曲同工的，是在同一座大厦上班的高级客户经理Bruce（布鲁斯）。Bruce的CK古龙水倒是不足为奇，但他有一个人见人爱的签名档。那上面是满满的正能量，而且每日更新，绝无雷同。在令人昏昏欲睡的格子间里，Bruce邮箱里的签名档简直是许多人每日必喝的心灵鸡汤。

不说Lisa怎样在一次旅行中偶然发现了她的香水，然后每季雷打不动地从欧洲的某小镇辗转邮购，也不说Bruce怎样在下班后坐在转角咖啡厅里，细心整理每一个令自己心动的句子，也许你会觉得他们做的是毫无意义的事情，但是别忽略这样一个事实，在过去的一年中，Lisa和Bruce得到了1.5次升迁机会。

对于刚入职场的新鲜人来说，如何让自己尽快地脱颖而出，这是一个需要考虑的问题。标准答案当然是工作表现，但有的时候工作表现就像说“我爱你”一样，并非多多益善或越早越好。我刚进这家公司的时候，发现很多人为了让客户满意，争分夺秒，熬夜加班，力求在第一时间提交方案，唯独阿文除外。阿文的方案总是在会议后的第七天早晨，不早不晚，稳稳妥妥地躺在客户的邮箱里。奇怪的是，客户对阿文的方案的满意度反而比那些熬夜赶制出来的方案来得更高。

这是阿文聪明的地方，把原本单方的动作变成了双方的“约会”。通过巧妙地提升客户的期待再满足它，让客户在不知不觉中感到信赖和满意。然而要想令这个方法生效，必不可少的前提是持之以恒。某种做法也好，某个细节也罢，只有经历时间的考验，它才能真正地成为你的标签，将你与其他人区别开来。

许多人没有意识到，在职场上经营自己其实和公司经营品牌大同小异。除了品质过硬之外，你总还得有点让人记得住的东西。不断地向上司、同事、客户强化你的标签，道理说白了和在实验室里饲养小白鼠没什么区别，都是为了产生一个链接——把你和你的品牌联系起来的链接。在这里，香水的链接是Lisa是特别而优雅的，签名档的链接是Bruce代表着正能量，准时出现的方案的链接则是阿文稳重可靠。

品牌是做大做强的保证，金融危机中的企业如是说。其实在职场中经营自己也是一样。有了品牌，你才会有品牌的追随者，无论他们认准你是因为欣赏你，还是因为习惯而产生的安全感；也只有有了品牌，你所做的一切才会有较高的附加值，不然，任凭你怎么废寝忘食，也不过是一家收益甚微的血汗工厂而已。甚至未来你转行换公司，只要有了自己这个品牌，就不会是一切归零，从头开始。

当然，在经营自己这个品牌的时候，你也要注意定准调子。如果你的上司是坚定的“让数字说话”的拥趸，你就别一个劲儿用个性十足的动画效果去装点你的PPT了。因为那就相当于你在全民警惕反式脂肪酸的今天开了一家以植脂末为卖点的甜品店。

上司这种奇异的生物

朱丽叶发现最近上司对她变冷淡了，因为她结婚了。不不不，不要试图往暧昧的方向猜想。当然朱丽叶是个美女，不过她的上司也是个美女，而且是个资深美女。

朱丽叶的上司密斯方，绝对当得起“徐娘半老，风韵犹存”这八个字。可惜下属对她的评价，多数集中在“变态婆娘，喜怒无常”这八个字上。可就是如此变态的她，单单对朱丽叶保留着三分客气，原因嘛，密斯方在一次酒醉后说得很明白：“永远不要怠慢一个未婚的美女，因为你不知道她会嫁给谁。”

第一次听到这句话时，朱丽叶简直受宠若惊。要知道，彼时她正身陷暗无天日的相亲大战之中，相亲对象从月入五千的经济适用男到年入三十万的银行金领，哪一位也看不出有值得密斯方如此忌惮的实力。

密斯方关于朱丽叶的灰姑娘之梦，在收到她结婚请帖的那一刻正式醒来了，比朱丽叶本人整整晚了十年。

上司这种奇异的生物，总是在你以为他世故的时候犯神经，又在你把他当傻帽儿的时候摇身一变成为老狐狸。子君真正懂得上司，是从她自己成为上司那一天开始的。早上醒来，子君觉得空气中多了点什么，仔细咂摸了一下，发现那叫——不自由。

要关心下属在忙什么，还要关心他忙得开不开心；队伍越来越不好带，现代人都热衷于将前浪“拍死在沙滩上”；懒觉别想睡了，遇上工作狂下属，总不能让他听出早上八点上司在电话里还带着喉音；小清新别想扮了，早春系列糖果色别想穿了，当心和下属小姑娘撞衫。

子君埋进被子里呻吟一声，怎么从前没发现，当上司有这么多烦心事。

当子君躲在办公室最后一排挡板后面苦苦思索上司这门差使究竟是管人还是被管时，上司的一个电话给了她新的希望。他说明天美国大老板前来视察，让子君准备PPT汇报工作。子君简直不敢相信上司会把这样的表现机会让给自己，也许真的如他所说：“昨天在俏江南吃得太猛，今天拉得快要脱肛。”出于感激，子君甚至在上司说出这句话的时候忍住恶心笑了一声。

当天子君忙到半夜，在关上电脑的前一刻，她出于习惯看了一眼邮箱，看见了大洋彼岸人事部发出的最新声明——美国大老板将于这个月底离职。

在对付上司这种生物方面，阿黛就要比朱丽叶和子君有天分得多，这可能与她持有心理咨询师证书有关。阿黛用对待患者的态度对待上司，并大获成功。自从发现现任上司是个闷骚男之后，阿黛已经假装暗恋他一年多了。她经常在上司面前扮演小鹿乱撞、脸红口吃，让对方的虚荣心得到极大的满足，同时对阿黛形成了小白鼠一样愉悦的条件反射。

对于阿黛这种策略，子君简直叹为观止。同样令她叹为观止的还有下属90后小弟弟的人生格言：上司永远是可爱的。这句话是子君在一周内交给他三个策划案之后忍不住问“你是不是挺讨厌我的”时得到的回答。

子君看着长睫毛湿漉漉、如一株小白杨一般青春的男下属，突然觉得他也很可爱。她想起了《永远有多远》那首歌，于是微笑着问他：“永远？”

“对，永远。不过这个永远有一个期限，那就是他不再是你上司那一天。”

假若玫瑰不美

假若有个女孩，她名叫玫瑰。
假若她长得不美。
假若所有的人都在听到这个名字的时候怀有期待，又在见到她本人的时候赤裸裸地表现出期待落空的失望。

你一定会以为她很讨厌自己的名字，也许会埋怨父母给她起了这么个落人笑柄的名字，也许会挥泪问苍天为什么造化要这样弄人。然而事实正好相反，玫瑰很喜欢自己的名字。她是这样说的："至少在别人听到我的名字之后、见到我本人之前的这段时间里，我在他们的心目中是一个大美女啊。"

玫瑰是这样一个女孩：总是能看到事物美好的一面。有许多自以为世故的人，起初都对这样的简单嗤之以鼻，但假以时日，他们又都乖乖地聚集在玫瑰身边，靠这样的简单取暖。

Sabrina（萨布丽娜）是朋友带来的朋友，一整个下午都靠在沙发上，用各种看穿世情的语调和各类文采洋溢的修辞手法吐槽[1]她的渣男前男友。所有的人在十分钟之后都开始进入放空状态，只有玫瑰始终以热忱的态度倾听。不仅倾听，她还突然爆出了这样一句评论："既然他这个人这么烂，你干吗还老是谈他呢？"这句话一出口，所有打瞌睡的人都醒了。因为，你知道，秃子头上的虱子和皇帝身上的新衣都是不能谈论的圣物。这个被我们称为社交规则。

Sabrina被这种悍然的简单震得沉默了三十秒，然后凭直觉进行刻薄的反击："我们的感情困扰当然要比玫瑰你多那么一点点。你看过亦舒的《玫瑰的故事》吗？"其实她问的并不是玫瑰，但玫瑰自然而然地接过话头："看过啊，不过我的名字和她无关哦，我叫这个名字是因为我祖母当年在女子高中时就叫Rose。"她是那样淡然，让Sabrina准备好的弹药没有了用武之地。而且，凭着一种微妙的感觉，Sabrina知道，这个女孩无意伤害自己，自己也决计伤害不了这个女孩。

在我们的环境里，随处可见Sabrina这样的女孩，风风火火，漂亮精明，计较得失，随时准备像刺猬一样反击。玫瑰这样的女孩则不多见。她的穿着大致得体，却对潮流没有多少心得；她微胖，却不热衷于减肥；她看一些书，但不善于把它们拿出来做谈资；她

[1] 网络用语，指从对方的行为或者语言中找一个有趣的切入点，发出感慨或者疑问，含有揶揄之意。

不显得特别聪明或特别漂亮，也不急于使自己显得聪明或漂亮；她偶尔有追求者，但都成了朋友；她不介意倒追别人，没成功，但也成了朋友。

总之，她说一的时候意思就是一，说二的时候意思就是二，这在这个社会真是不按常理出牌。但你要说她是一本打开的书，却又不尽然。你总会在某个时刻发现，玫瑰身上还有着你不知道的一面，倒不是她刻意隐瞒，而是她从未刻意表现。

譬如买房这件大事，玫瑰也不懂得做太多规划，只不过大学毕业以后还想蹭食堂，又懒得搬家，就在房东准备卖房的时候冲动地说“那我来买”。虽然为了这套小房子着实手紧了两年，但在今天看来简直是神来一笔的投资。

又譬如那天Sabrina又忍不住谈起了前男友（她现在是玫瑰的好友了），才大吃一惊地发现玫瑰也和男友分手了。她大吃一惊的原因，不仅是事先一点消息也没有，而且她知道那个男人是玫瑰倒追了很久才追到的。

Sabrina问：“为什么分手？”
玫瑰说：“他说他做不到很爱我。”
Sabrina说：“可是本来不就是你追的他吗？”
玫瑰说：“是啊，可我还是希望在一起之后，我很爱他，他也很爱我。”

Sabrina默念了一遍这句话，再次感受到了玫瑰那种简单的力量。所以你看出来了，玫瑰很简单又很温暖的原因在于，她毫不自傲，但也绝不自卑。对自己也好，对这个世界也好，她都不骄不躁，不疾不徐，她坚持看到事物本来的样子，也对别人描述它们本来的样子。

你是否也和玫瑰一样，发现生活往往不会像它原本应该的那样进行下去。玫瑰不是美女，你没有成为父母的骄傲，该爱上你的那个人没有爱上你。你因为不得不让那些围绕着你的希望变成失望而心怀恐惧。其实这些希望压根儿与你无关，有一些甚至只是借着你的名义而生，但你似乎不得不对它们负责，有的时候是因为生活，有的时候是因为善良，有的时候是因为虚荣，有的时候是因为你爱那个怀着希望的人。

你面临选择。

也许你没有玫瑰那种简单的力量，所以选择逃避或粉饰。然而我们知道，对于那些逃避或粉饰，事后是要以加倍的逃避或粉饰去弥补的。弥补着弥补着，你的人生就成了一个巨大的旋涡，以你无法控制的力量将你卷入，你无法回头，也无力挣脱。

玫瑰则不。她活在当下，哪怕当下不美、不贵、不值得炫耀，抑或令人难堪。她坦然面对，从容处理。你观察她，她未必注意，也不会因此改变自己的风格；你忽略她，她亦未必注意，也不会

因此怀疑自己或敌视你。

明日的失望也好，狂喜也罢，如果能够坦然视之，就能心无旁骛地感受当下的美好。恰如一朵玫瑰，从远处的娇艳，到近处的瑕疵，再到令你驻足的清香，最后留在你记忆中的，是她独自开放在阳光下的样子。美也好，丑也好，盛也好，败也好，她不为你而来，也不随你摇摆。只有你所感受到的，才属于你，留在你的心中。

一朵玫瑰是一朵玫瑰。
你是这朵玫瑰吗？

那就这样吧

不再那么年轻了以后，我开始对人对事怀有敬畏之心。

事情是这样的，越往后走，你就越会发现，活着，是一件不容易的事。所以，能够漂亮地活着而不颓废的人，都可以算是成功者。

这个成功者的定义可能宽泛了一点，但如果细心观察，你会发现身边的每个人都有故事，而且每个故事都足以拍一部浩瀚感人的电影。你看那个坐在窗前的主妇，她是当年的学霸[1]，后来为了家庭牺牲了事业，在发现老公出轨后自杀未遂，现在用沉默和麻木来应付一切；你再看那个神采奕奕的年轻的销售员，他的父亲上周刚刚去世，现在支撑着他的，并不是客户那不太逼真的兴趣，而是父亲去世之前那句话："照顾好你妈和妹妹。"

[1] 本意为"学界的恶棍"，现多用来指学习刻苦、成绩突出的人。根据语境，有时含调侃之意。

我的职业决定了我对人性和人的故事感兴趣。英国作家毛姆曾经说："和被感动比起来，我的天性更容易被逗乐。"我也是如此。

但也有例外的时候。我的心和我的泪腺会一同告诉我，我被感动了。在这无边宇宙里，人能够为自己和他人所做的努力，是那样微不足道。奇怪的是，这微小的努力，当它被从三维现实拓展进二维记忆里时，会留下一个特别凄美的故事。以下就是这样的两个故事。凑巧的是，它们都和错过有关。

每个人的生命中都有一朵校花，凉冰冰就是我生命中的那朵，很美，而且很尽责，从少女的晶莹到少妇的灿烂，每一个阶段都叫观众好看。我不知道凉冰冰的父母是怎么想的，她姓梁，然后给她取名叫冰冰。所以她的父母相当于在给她取大名的那天，就同时给她取好了外号。

无论如何，凉冰冰确实很凉很冰，冷美人说的就是她这种。用"冷"还不足以形容她，要用"冷酷"。对于如何驱散源源不断的追求者，她说过一句话："光是伤男人的心，他是不会离开的，要伤他的自尊心才行。"

就是这样的凉冰冰，当我在马勒公寓的Brunch[1]草坪上看见她和一个男人你侬我侬时，却一点都不觉得意外。因为那个男人是陈峰。

[1] 即早午餐。

凉冰冰要是一朵花，陈峰就是一棵草。这棵草和这朵花同样耀眼，我至今还记得陈峰在学校操场上打篮球，从初一到初三的全体女生都趴在天井栏杆上，为他每一个散发雄性激素的动作惊呼的盛况。哦，对了，不是全体女生，除了凉冰冰。

校花和校草注定不是路人就是情人，可凉冰冰和陈峰同时属于这两者。他们是什么时候勾搭上的，连我这个闺密也无从知晓。总之，在高考结束的前一天他们还当彼此透明，高考结束后的第二天，他们就手拉着手出现在了我的面前。

不过，无论他们是怎么勾搭上的都不重要，因为没过几天他们就分手了。之后就是无数次和好、分手、再和好的过程。凉冰冰和陈峰的故事充分说明了，两颗恒星的组合是不稳定的。在恋爱这件事里，一山容不得二虎。

这样拖拖拉拉了十年，他们无可避免地成了超越情人关系的老友。而凉冰冰也年近三十了，她告诉我她要结婚了，新郎不是陈峰。

奇怪吗？不奇怪。在凉冰冰的婚礼上，陈峰和大伙儿一起坐在老同学那一桌，笑得很自然、很欢畅。新人敬酒的时候，凉冰冰的老公给陈峰点了一支烟，拍了拍他的肩膀。我注意到凉冰冰老公的笑容很憨厚，一个容得下老婆的过去的男人，可以算是一个好男人，但凉冰冰和这个好男人还是没能过下去。刚刚迈过三十岁的大坎儿，凉冰冰就恢复了单身。恢复了单身的凉冰冰又开始和陈峰约会、吃饭、聊天、上床。然后在三十二岁这一年，凉冰冰告诉我她又要结婚了，新郎仍然不是陈峰。

我真是困惑。我问凉冰冰："陈峰有没有向你求过婚？"凉冰冰想了想，回答："算是求过，但诚意欠奉。"好吧，美女的心事你别猜。我不懂得什么叫"诚意欠奉"，在我看来，求婚本身就是巨大的诚意，哪还有什么欠不欠奉的问题。但我还有一个关键的问题要问："你到底爱不爱陈峰？"凉冰冰又想了想，耸了耸肩，回答："不爱吧，不然我应该早就知道。"

于是凉冰冰再婚了。这一次陈峰全程失踪，不然他就不会错过凉冰冰的单身告别派对上她玩真心话大冒险那一幕。

主持人问："你第一次拉手是和谁？"
"陈峰。"凉冰冰毫不犹豫地回答。
主持人又问："第一次接吻？"
凉冰冰答："陈峰。"
主持人再问："第一次……那个呢？"
凉冰冰答："陈峰。"

气氛突然有点尴尬，凉冰冰看起来很茫然。后来她私下里问我，为什么那一段变得那么奇怪。因为事实特别明显，也特别吓人，所以我没敢给她指出来。

但凉冰冰终究要和自己的心坦诚相见。这一天终于来临了，因为陈峰也要结婚了。那段时间我一直留意观察着凉冰冰，她看起来一切无恙。一直到一个忙碌的周二上午，我接到她的电话。她泣不成声，说自己动不了了，让我帮忙把她的车开走。

我问她在哪儿，她说在中环正中央。我真是晕啊，只好叫了一个朋友一起开车去找她。车流在靠近凉冰冰说的那个路口的地方开始凝滞。我心想，凉冰冰你真牛×，真是一段传奇，如果列一个今天的全上海收获脏话排行榜，你一定高居三甲。

然后我看见她那辆香槟色的车，已经挪到了缓冲带上，警察哥哥在好言相劝，拖车在一旁虎视眈眈，可她就是趴在驾驶盘上不肯下来。她哭得像个孩子。

如果我再晚一会儿出现，警察哥哥就准备为这位美少妇叫救护车了。我终于把凉冰冰哄上了我的车，让朋友开走她的车。她还在痛哭，伤心程度应该怎么形容呢，就是完全垮了。她满脸眼泪鼻涕，发出含混不清的声音："我爱他，我爱的一直是他。"不用问我也知道她说的是谁。

唉，凉冰冰，你搞砸了。当然，陈峰，他也搞砸了。还有我，我或许不是一个好闺密，也或许我低估了凉冰冰的幼稚和自我蒙蔽的程度。

平静下来以后，凉冰冰给我看她手机上陈峰今早发来的短信：“我可能做了一件错事。”她在看了这条短信之后，若无其事地和老公一起吃了早餐，若无其事地用排卵试纸测了自己的周期，开车出门上班。然后就在某一个瞬间突然崩溃了。

“那你们以后怎么办呢？”我在等红灯的间隙，想起了十五年前的那个暑假，少女凉冰冰和少年陈峰像童话里的一对璧人，手拉着手笑嘻嘻地出现在我的面前，眼眶突然有点湿。凉冰冰抬起头，给了我一个凄凉的微笑。那个微笑如果能够翻译成一句话的话，那句话就是，这辈子就这样了。

这是一个因为自负而错过的故事。

吴诺是大龄剩女，有着大龄剩女的通病，那就是挑剔男人。从身材、谈吐到穿西裤露出鞋头的长度，通通都可以是她挑剔的理由。然而她的本钱又不足以支撑她这样的挑剔，所以她就剩下了。当然每一个女人在岁月中都有过柔软的时代。对吴诺来说，那个时代是20世纪90年代。

我和吴诺考上重点高中之后，突然明白了“人外有人，天外有天”的道理。从前我们怎么俯视别人，现在学霸们就怎么俯视我们。从前老师判断卷子的难易度是否合适的方法是问“吴诺，你做着觉得怎么样”，现在，你考个位数也好，十位数也罢，照样有人拿着九十分的卷子和老师相谈甚欢。我们森森地觉得无力。

于是我们怎么办呢？我们回初中母校打扑克。

要说牌友那还是打小的好。人成熟以后很难交到朋友啊，很难。我们在母校的教室后排一边忙着拱猪[1]，一边吃着从小卖部赊来的零食，浑然忘记了学霸们带给我们的不愉快。

在所有的牌友之中，有一个人对吴诺来说是特别的。他叫大马。用我们的话来说，他是“吴诺公主的奴仆”。我们吃的零食就是他去小卖部赊的，到时候钱当然也由他去还。我们拱猪的光景，他把吴诺的自行车扛到一旁，从车把到链条擦得锃亮，一边还不时对挖苦他的牌友喝上一句：“滚！”

后来，吴诺在美国留学的时候，给我发过一封邮件。在邮件里，她问我还记不记得那些在夕阳下、在幽幽的穿堂风里拱猪的傍晚，还记不记得大马。她说：“曾经以为还会遇见很多让自己那样笑的男人，但现在发现，也就那一个而已。”

因为这个发现，吴诺从美国回来后就忙着满世界找大马。大马其实很好找，他就在上海，和几个哥们儿一起创业。结果大马把吴诺拒了。他说自己现在一无所有，配不上吴诺，让吴诺给他一年时间，用来发财。一年以后，他没有发财，回老家找了份老师的工作，准备撤了。吴诺很天真，还想去挽留，甚至开始认真考虑

[1] 一种流行于中国及海外华人社区的牌类游戏。

远距离恋爱的可能性。我说："你拉倒吧，要不是你在旁边虎视眈眈地施压，人家说不定还能在上海滩多打拼两年。"

然后就是初中毕业二十年的同学会，意外又不意外地，见到了已为人父的大马。他没怎么发胖，还是满脸带笑，不庸俗，不装×，总而言之，是一个女人很乐意将其介绍为"我老公"的男人。

酒至半酣，一群围城里的无聊男女又开始用剩女来找优越感了。最经典的三个问题是："你怎么还不结婚啊？""你是不是眼光太高了啊？"以及"我认识一个男的，人不错，要不要给你介绍啊？"面对这些问题，吴诺早已练就金刚不坏之身。倒是在一旁喝闷酒的大马，脸色由红转白，又由白转红，终于一拍桌子，用不容忽略的分贝怒吼道："你们有完没完？"

他一吼完，宴会厅里就静得只能听见服务员布菜的声音。过了半晌，女同学讪讪地转移了话题，男同学上前搂住大马去角落里抽烟。没有人和大马见怪。因为大家虽然都已经世故到不会露出自己的真性情，却还没有世故到不欣赏别人露出的真性情。

那天晚上我和吴诺一个房间。她照样一丝不苟地执行保养程序。女同学打内线电话来，说男生们都转场乐去了，我们也去玩吧。吴诺歪在床上，说："我不去了，你去吧。" 不知怎的，我脑子一转，觉得她似乎有约会的样子，就不再说什么，独自走了。

当我回房间的时候，吴诺果然不在。我无奈地笑笑，摇摇头，心想吴诺和大马到底还是没忍住，把事情搞得这么丑陋。吴诺回来后，我才发现自己误会了，她去逛古玩夜市了，一个人。她向我展示自己在夜市上淘到的宝贝——一个鸡血石印章。石印章嗒的一声印到便笺纸上，现出清清楚楚的四个字："旧欢如梦"。

第二天一早大家各奔东西的时候，大马没有出现。听男同学们说，他发了一夜酒疯，还在酣睡。吴诺没有表现出特别关心的样子。盛夏的早上八点，日头已经很毒，她掏出墨镜遮住自己，默默地坐上组委会给她叫好的出租车。

其实今天的大马和吴诺未必是彼此会喜欢的男人和女人，但谁知道呢，如果他们的生命一直交织在一起，也许一切都会不一样。毕竟，以那样的爱情开始的关系，已经比这俗世里的许多东西都要美好。一切都无法确定，除了因为放弃而永远背负的遗憾。曾经他有一个用真诚救赎一个女人脱离孤单的机会，但是他错过了。

这是因为自卑而错过的故事。

我相信，类似的故事在你的身边一定也有。有时候人活得有多好，在于他能够将初心忘得有多彻底。别责怪他们不再努力一下，你若真的生活过，就会明白生活处处都是挣不开的桎梏。

所以，就这样苟且偷生。这，就是成年人的故事。

三十岁是更好的二十岁

和俩闺密相约在半岛酒店饮下午茶。三人当年都小有姿色，如今也风韵犹存。当然，风韵犹存的档次和回头率没有必然关系。

半岛的下午茶名不虚传，够好看，也够难吃。三层茶点架的最下层是涂满反式脂肪酸的面包，中间一层是蘸着莫名其妙的芥末酱的饼干，最上层是甜得发腻的马卡龙。难吃的程度足够捍卫减肥大计，让你在明知道其价值不菲的情况下，还是宁可浅尝辄止。

我特别喜欢这样的时光，即使手边是徒有其表的茶点。女人越往下走，越会明白彼此陪伴的重要性。“男人来自火星，女人来自金星”是一个最惨也最棒的事实，如今我们只把男人当作职场上、智商上和床上角力的对手，不再试图与他们相互了解，而只把这样的时光留给闺密。

闺密是岁月给三十岁的女人准备的奖励之一。年轻的女孩都是自恋且杀伤力强大的阿修罗[1]，阿修罗之间不是没有友谊，只是这友谊的杀气太浓。而到了三十岁这个年龄，我们懂得什么叫人性，也懂得什么叫妥协，我们更加关注快乐，而不是谁是女主角这样的问题。

岁月给三十岁的女人准备的第二个奖励是时间。这样说可能有点奇怪，但时间不该只以量，而应该以质量计算。二十岁时的周末早上九点，我大概还抱着被子梦周公，而现在的周末早上九点，我已经完成了晨练，洗过澡，化好淡妆，神采奕奕地坐在餐桌前，一边喝咖啡一边写作。这不仅是因为我终于逃脱了睡神的控制，而且因为这个世界上的事都一样：你所拥有的和你所错过的，总会有个大致的平衡。这是上帝的公平。

岁月给三十岁的女人准备的第三个奖励是从容，这完全是实打实的。如果有人告诉你，三十岁的女人从容是因为她们内心强大，千万别相信，虽然她们的内心可能确实强大，但让她们显得从容的原因只有一个：她们见过了。譬如说，我知道high tea[2]怎么喝，也知道五星级酒店怎么泊车，更不用说出国旅游的时候怎么一边接过行李一边自然而然地递上小费。我对这个世界，没有林黛玉初进大观园时的小心翼翼，也没有刘姥姥初进大观园时的十三点[3]

---

[1] 古印度神话中的一种鬼神，易怒好斗。

[2] 即下午茶。

[3] 经典吴语词汇，有取笑、嗔怪的含义，是一个不伤感情的调侃词汇。意思是痴头怪脑或傻得可爱，使用率较高，用以形容那些轻浮或言行不合常理的人。

兮兮，因为，我见过了。

对今天的三十岁女人来说，这是一个前所未有的最好的时代。君不见电视荧幕上，相差五六岁甚至更多的姐弟恋比比皆是，毫不出奇，倒是要找个二字头的扛得起女主角大旗的妹子颇为困难。这一方面是因为人类对女性美的定义正在改写，女人不再仅仅是赏心悦目的对象，她们也开始承担人们对智慧、对能力、对大气的期待。

另一方面，当然是美容保养手段蒸蒸日上。在今天，一个不自甘堕落、过得不算太凄风苦雨的女人，看起来符合她真实年龄的可能性已经很小了。姐姐们毫不心虚地说一句，在状态好的时候冒充一下二十岁的妹子完全不是问题。《来自星星的你》里面的全智贤，在众多保养达人看来，也不过是刚刚做到了本分而已，三十三岁的女人看起来本来就应该是那个样子。相信她睡眠时间能更充足一点的话，和二十多岁的弟弟搭档看起来更应该是无缝衔接。

十几岁、二十岁出头的时候想象三十岁，总觉得遥远而可怕。当人生真的走到这里，发现居然有着别样的风景。

三十岁，依然美丽，更能把握自己，从自恋的咒语中逃脱，不再为爱情患得患失，珍惜朋友，懂得说不。它是更好的二十岁。

Chapter 2

时 间 都 去 哪 儿 了

有人在出生有人在长大有人在品尝第一个浅吻，有人嫁为人妇有人初为人母有人选择孤独，有人在笑有人在哭有人哭着哭着终于笑了，有人笑着发誓永不再哭……这些，都是时间。

人是从拒绝恋爱开始衰老的

马尔克斯说过，人的衰老是从拒绝恋爱开始的。这位写出不朽名著《百年孤独》的作家，也会用缠绵诗意的语气写出如下字句：“我愿意远处有一盏昏黄的孤灯，在晚风中忽明忽暗地摇曳着，让我在朗朗的月光下，在幽暗的树林里轻吟一个人的名字，让我这个经历过沟沟坎坎、心态渐老的人误以为人生的黄昏落日离自己还很遥远。”

在我身边，号称拒绝恋爱的人为数不少，有男人，也有女人。他们有一个共同的特点，就是都在爱情里摸爬滚打过，狠狠地付出过、受伤过、失望过，然后就发现自己“累觉不爱”[1]，更有甚者，说自己染上了“爱无能症”。

我的一个女闺密，在三十三岁这一年宣布要花钱借精生一个孩子。

---

[1] 网络用语，是“很累，感觉自己不会再爱了”的缩略形式。

她是在开车的时候对我说出这个决定的，说完这句话，她一踩油门冲向绿灯，狠狠地将其他的车甩在后面。我看着她姣好的侧脸，心想，什么样的际遇与心路会让一个女人做出这样的决定？

还有一个男友人，他拒绝恋爱的姿势则要香艳得多。他用频频艳遇的方式来拒绝爱情，当然前提是他自己相貌英俊，出手大方，风度、品位俱佳，艳遇双方都是享乐者。不过在听到他将艳遇对象纷纷冠以“小章子怡”“小刘亦菲”的外号时，我还是对他无比鄙视。

奇怪的是，这些号称拒绝恋爱的人，一个个看起来都滋润光鲜得很，没有哪一个有早衰的迹象。我开始怀疑马尔克斯的这句话。直到女闺密告诉我，她就要和“借精对象”结婚了，蜜月定在马尔代夫，她一脸甜蜜又娇情的微笑，怎么看也不像是一场以“造人”为目的的形式婚姻。而男友人在深夜的日志上，喜大普奔[1]地宣布了自己和前女友复合的消息，这么多年来沉迷于艳遇的他，就像一只被抛弃的小狗，现在终于被主人带回了家。

我这才知道，原来那些号称拒绝恋爱的人绝不是真的打算就此与爱情绝缘，恰恰相反，正因为在心中呼唤着爱，他们才摆出一副刀枪不入的姿态，其实是既期待又怕受伤害。那么，马尔克斯的这句话，到底谁来为我验证呢？

[1] 网络用语，是“喜闻乐见、大快人心、普天同庆、奔走相告”的缩略形式，表示一件让大家欢乐的事情，大家要分享出去，相互告知，共同庆贺。

一个偶然的机会，我联系上了中学时代的好友。她和老公的爱情故事可是当年的一段佳话，著名的校花和校草，在中学时就彼此有意，进入大学后正式恋爱，一路结婚生子。

再次见面，我让她带上老公和孩子，结果来赴宴的只有她一个人。不得不承认，甫一亮相的她让故人们失望不少，昔日清丽逼人的她如今衰老得比任何人都厉害。而且，关键是，她看起来对自己的早衰完全无所谓，连是个女人就会憋足一口气的同学会，她穿着件旧夹克衫就来了。

我问她老公和孩子怎么没来，她说懒得叫他们，各有各的忙。我又问有没有近照，她笑了笑，给我看了她钱包里的照片——是她的爱犬雪纳瑞。最后她好不容易在手机里找到一张和老公半年前的合影，我看了一眼，不出所料，昔日的校草也早已面目全非。

喏，原来拒绝恋爱的人不一定不在婚姻里。倒是那些还单身着的人，也许才是不愿意放弃爱情梦想的人。而那些在婚姻里的人，柴米油盐全都牢记在心，唯独忘记了爱情这回事，也不再有闲情体会“在朗朗的月光下，在幽暗的树林里轻吟一个人的名字”的滋味。

同学会后，我飞奔回家，在门口给了老公一个“爱的抱抱”，用力嗅一口他的耳侧，还是我喜欢的味道。老公半是惊讶半是温馨地问我怎么了。我埋着头回答他：“别说话，我在抗衰老呢。”

当梦想被用来遗忘

未来第一次这样实实在在地悬在头顶

十七八岁是做梦的年龄。我想说三个有关做梦的故事。

从初中部升入高中部，其实不过是将教室往上挪了两层，我们却一下子觉得自己沧桑了。课间十分钟，我们在穿堂风的包裹中居高临下地看着操场上的初中生，那些我们昨天还沉溺其中的游戏显得那么幼稚。我们突然之间成了有经历的人，说话时总爱以一个幽幽的“过去”开头，但其实谁都清楚，重重地压在我们心头的，不是过去，而是未来。

未来第一次这样实实在在地悬在头顶。不知不觉中，我们挥霍尽了这个世界对我们的所有耐心，而现在，用老师的话来说，“到了是骡子是马，拉出来遛遛的时候了”。自己到底是骡子还是马，谁的心里也没个准儿，反正再也没底气说出“我长大了要当造火箭的科学家”这样的话来。如果你现在问我们的理想是什么，我们想必会齐声背诵：

“短期我要在期中考试里考出好成绩。”
“中期我要在期末考试里考出好成绩。”
“长期我要在高考考场里考出好成绩。”

我们都是有良心的孩子。再说，除了心理素质极强的个别人，谁也受不了爸妈从家长会归来后苦大仇深的表情。学校按照学生的考试名次给家长排座位，这一招儿太狠了。他们知道我不可能让我那好强了一辈子的妈坐在前三排之后的位子上。

我曾经在骑自行车的时候睡着，只有那么短短的一瞬。醒来后我的车前进了五米，一个中年妇女翻着白眼从我的车头前面蜿蜒而过。然而就是这么短短的一瞬，我做梦了。是个美梦，美得像一道闪电，照亮了我那身心俱疲的高中时代。

我得尽快将这个梦忘了。我将自行车停到路旁，从书包里拿出一支“智慧小聪聪”，几口服下。这玩意儿类似于补丁程序，能及时清除我思想中的Bug[1]。“智慧小聪聪”的怪味儿让我的眼前有一点模糊。终于近视了，我欣慰地想。

[1] 即漏洞。

在纠缠与放手之间永远选择后者

我的梦与一场重感冒及邻居葛伯伯有关。感冒发生在我五岁那年。为了让我安静地接受打针，我妈奖给我一套《安徒生童话》画册。

我还记得自己坐在高高的注射椅上，背后是戴着白口罩的护士阿姨和探进窗棂的桃花枝。护士阿姨的手指是凉的，和凉的酒精棉球一起轻轻移动。她温柔地问："这样是不是就不疼了？"我"嗯，嗯"地敷衍，其实心思早就不在这里。我的手里有一本书，它的名字叫《海的女儿》。

五岁的孩子不会懂得什么是爱情，但这本描绘着矢车菊、蓝色海水和玫瑰色天空的画册将我的心带往了一个从未去过的所在。那个所在很难形容，甚至不能将之简单地命名为爱情，而是比爱情更永恒、更优雅和更有尊严的东西。它带给我的，大抵是一种审美。这种审美贯彻在我成年后的爱情观里，让我在纠缠与放手之间，永远选择后者。

葛伯伯是厂里的办事员，厂办图书馆征订的所有杂志都会在每月的前几天到达他的手里。在他将它们放置到图书馆里之前，他给我两天的时间享用它们。每个月的那两天是我的节日。每本杂志都被小心地装进挂历纸做的封皮里，我只能在双手干爽的状态下将它们平铺在书桌上进行阅读，以保证书是簇新的。然而那也无碍我享受文字的快乐。这份快乐从《海的女儿》开始，就一直是我生命中重要的一部分。

有没有一种理想可以与文字有关呢？如果有人问我长大了想干什么，我可不可以这样回答："我想坐在一间既不太热也不太冷的房间里读书、写作及思考。"起码在十七岁的我看来，这是一个不切实际的梦。我甚至羞于将这个梦对父母提及，因为他们从小告诉我的道理就是，学好数理化，走遍天下都不怕。高二文理科分班的时候，我毫不犹豫地选择了理科班。我将那个有关文字的梦装进盒子，埋到树下，然后练习对它视而不见，去专心思考诸如小球需要多长时间才能落地的问题。

那感觉像是回到了母亲的子宫

陌陌和安娜是我少女时代的闺密。你不会不明白闺密对于一个少女来说有多重要，她们多少给了我故作镇定地面对这个世界的勇气。

对于安娜来说，选择理科班是件顺理成章的事。那些对我和陌陌来说如同天书的数学习题，到了安娜的手里却如同庖丁解牛——她用苍白的手指飞快地落笔画辅助线的样子，真是迷人。安娜将数学习题本还给我，眼睛蓝莹莹的，目光飘到窗外。她的个头儿终于停止了疯长，手脚纤细的她身高停留在了一米七。

其实安娜不喜欢数学，她喜欢奔跑。我第一次看见安娜，是在一个放学后的黄昏，操场上散落着用各种球嬉戏的人群，她不在任何一个人群中。她在奔跑，穿着一套普普通通的深蓝色校服，额发被汗水粘在脸颊上，那脸颊像一朵发光的玫瑰，照亮了整个操场。安娜说，跑步的时候，她可以忘了自己，忘了世界，甚至忘了终点，只有耳旁的风和血管里的心跳声。

那感觉很安全，安娜说。
像是回到了母亲的子宫，我说。
和我画画时的感觉一样，陌陌说。

陌陌画的第一幅写生是我的侧脸。“你的正脸并不好看，脑门儿太大，嘴唇太阔，却有一个轮廓清晰、不画就对不起自己的侧脸。”这是陌陌的原话。她让我坐在冬日的阳光中，紧张地支好画架，深吸一口气，然后谨慎地描绘。在此之前，她并没有系统地学习过绘画，只是不时地去艺术院校蹭课，用有限的零用钱去兴趣班报名。

陌陌有些忐忑地将完成的写生递给我。我不懂画，油彩的质感令画布上的女孩显得陌生。但我认识那女孩的姿态，带着一种与梦隔断的认命感。“画得真好。”我说，“你真应该去画画。”陌陌哭了。

梦想从来不是被用来遗忘的

十七八岁是做梦的年龄，大概只有少数幸运的人才能在梦想和现实之间找到交点。而我、陌陌和安娜显然都不是幸运的人。

文学不能当饭吃。
跑步不能当饭吃。
画画不能当饭吃。

我们深深地明白这些道理，就像我们明白，小球不能早一秒落地，也不能晚一秒落地，否则就会影响我们的模拟考试成绩，影响我们从快车班进入火箭班，影响我妈在家长会上的位子。

这个世界上有太多的东西比我们喜欢什么和想要什么更加重要，哪怕你想啊想啊，想得心都要发疼；哪怕你想起来就会忘乎所以地微笑；哪怕你想起能够那样度过一生，才是让你在母亲的子宫里兴奋搏动的初衷。

就在我以为一切就这样尘埃落定的时候，陌陌做出了令所有人大跌眼镜的行为。她留下一封信，失踪了。

他们在邻市的培训班里找到了陌陌，这是专为艺考生设立的培训班。不知道陌陌是在什么地方看到了广告，也不知道她是什么时候下的决心。她甚至连我和安娜都没有告诉。

找到陌陌的那个黄昏，安娜在操场上跑完了三千米，我坐在旁边的草地上看完了卡夫卡的《变形记》。我们都错过了自习课，像是在为什么而赌气，又像是在为什么而高兴。安娜跑完了，用手绢擦干脸上的汗水，对我说："走吧，回去上自习。"我默默地合上书，跟在安娜的后面。不是每个人都有陌陌那样的勇气。

多年后，我在城市里工作，忙忙碌碌，升职加薪，过着让父母放心的生活。然后，有一天，我坐在装修一新却只用来写工作报告的书房里，那些十七岁的梦想突然全部跃至眼前。它们是如此栩栩如生，仿佛这中间的数年光阴从不存在。

它们将我带回十七岁时的快乐时光。那是坐在树影中，微风拂动头发的由衷快乐，而不是坐在马尔代夫的沙滩上，花掉积攒了一年的假期和预算的快乐。于是我明白了，梦想从来就不是被用来遗忘的，它只会暂时退到不起眼的角落。

当我在深夜里拿起久违了的笔，写下那一个个变得陌生的文字，我想起陌陌的画展又要开幕了，命运不负众望，垂青敢于梦想并敢于为梦想孤注一掷的她。我又想起安娜。留学归来的她放弃了高薪的工作，去瑜伽馆当了一名教练，收入不高，但可以天天流汗。

梦，你做与不做，它就在那里，不离不弃，等待着最终臣服于你，及你臣服于它。

时 间 的 真 相

十岁的时候，我读过一个童话故事。故事里的一群孩子被一个有魔法的大钟偷去了时间，一觉醒来的时候，已经变成了白发苍苍的老人。我还清楚地记得在那个不太清楚的绘本里，他们焦急的眼神被刻画得栩栩如生，一遍遍地追问："谁偷去了我的时间？谁偷去了我的时间？"那个故事的结尾，一群被时间永远地留在错愕里的、怀着少年心的老人，拄着拐杖踏上了寻找时间之路。

我大概是在暑假一个无所事事的日子里匆匆读完这个故事的，当时只觉得它平淡无奇，不知所云，远不如《海的女儿》那样浪漫旖旎。但是当时间过去了二十年，那些老人或者说孩子焦急的眼神和那句"谁偷去了我的时间"的追问，还留在我的记忆里。

而当我读懂了这些眼神和这句追问背后的无奈，我也开始明白，得不到所爱之人的伤感，被放到人生苍茫的"大"中来看的时候，到底也只是一个玫瑰色的"小"。而踩在刀尖上走路的疼痛和人生中许多说不清楚的疼痛比起来，到底也还是言之有名的简单的那一种。

二十岁出头的时候，不再看童话故事的我，当然陷在爱情里。其实也不全是。世界是扑面而来的，工作、金钱、朋友、虚荣，甚至第一瓶名牌香水和第一个名牌包。好像每一天的日子都五光十色，彼时的感觉，却只有通宵玩耍后不得不准时起床的困意，还有如林黛玉初进大观园时尽量不出糗的小心翼翼。

三十岁出头的时候，曾经遥远得仿佛永远不会到来的2000年过去了，曾经遥远得仿佛永远不会到来的北京奥运会过去了，曾经遥远得仿佛永远不会到来的2012也过去了。我活到了少女时以为一切都将谢幕的年龄，才发现一切才刚刚开始。

原来人生不是一场舞会，或者说，不仅仅是一场舞会，而是一场舞会的幕后工作。你要准备场地和食物，要负责后勤和安全，要核对预算不致超支，要安抚心情不好的客人和雇员，还要在亮相前的短短十分钟之内，用神速换装换心情换笑容，完成“一秒钟变从容”的频道切换。

三十多岁的女人忙碌着舞会，二十多岁的女孩享受着舞会，十几岁的女孩躲在角落里向往着舞会。很公平。十几岁，二十几岁，三十几岁……一个女人的一生就这样过去了。

如果上帝是最伟大的导演，那么他为我们奉上的作品叫作生活。而如果上帝愿意，他可以为我们切下人世间最不可思议的分镜头：有人在出生有人在长大有人在品尝第一个浅吻，有人嫁为人妇有人初为人母有人选择孤独，有人在笑有人在哭有人哭着哭着终于笑了，有人笑着发誓永不再哭……这些，都是时间。《致我们终将逝去的青春》也好，《小时代》也好，故事本身都平淡无奇，让其悱恻起来的都是时间的力量。它的美，无可代替。因为它锋利，因为它无情，因为它公平。

在写下这一切的时候，我转头看向窗外。那里有一棵银杏树，正以它可能提供的全部灿烂，迎接它最钟爱的秋天。我看了它很久很久，直到一片叶子落下来，又一片叶子落下来。它不再是曾经的它，而我也不再是曾经的我，但在这个浩瀚宇宙中，有那么两秒钟的时间，属于我和那棵银杏树。

这是即便是你也无法与我分享的。亲爱的，虽然已经过去了那么久，但只要还在这个地球上呼吸着，我们就还在成长。而成长，注定有某一个部分是属于孤独的。能够一直陪伴着我们的，其实唯有时间。你沿着你的时间走，我沿着我的时间走。有时你回首会看见我，有时你回首看不见我。有时我想诉说你恰好在，有时我想诉说你不在。

这样的时间太多了，我渐渐地习惯了沉默。

有很多时候我沉默，是因为我开始懂得。当我透过时间之轴去观察生活，我突然懂得了很多东西。例如意气风发的大男孩是怎样将翅膀变成芒刺，转身成为野心勃勃、处处戒备的男人的；例如母亲并非生来便是母亲，所以请善待那个尚未成为母亲的少女，也包容那个从少女一路走来的母亲。

当又一个以青春为利剑的阿修罗变得温柔，我当然知道这意味着什么。于是我又记起了少时读过的那个童话故事，当我们手牵着手走到时间的尽头，也许，我们也会提出那个问题，然后，一起踏上属于我们的寻找之旅。在这之前，让我们永远震惊地发现，时间，在以我们想象之外的速度流逝着。所以，这一切的真相就是，还没来得及成熟，我们就老了。

被爱的孩子用不着长大

闺密从英国回来了。她是那种特别幸运也特别“敢”性的人，才会在步入三十“高龄”的前一个月毅然辞职赴英国留学，用她自己的话来说，就当是生孩子前送给自己的礼物。本以为经过这一年历练，她会变得像传说中的海归那样，独当一面，力大无穷。结果不是。她还是她，甜美，随性，孩子气。她孩子气得坦坦荡荡，我们的羡慕也坦坦荡荡。面对这样一个女人，我不禁想起传说中的那句话：被爱的孩子用不着长大。

聚会的尾声，闺密的电话响了，她老公要从加班的地方赶过来接她。她问道：“不是说了我自己打车回去的吗？”包厢里很安静，所以我们这一干等会儿要自己开车或者坐地铁的女人都听得很清楚，电话那头的男人说了四个字：“我不放心。”

虽然我们所在的这座城市共计有十六条地铁路线，上十家良莠不齐的出租车公司，流行着三四个打车软件，平均通勤时间是一个半小时，但只要一个男人愿意，一个女人就永远用不着耗费脑细胞去考虑这些。

在爱情里，“爱”字总是和“宠”字联系在一起。宠爱，这个原本应该用在孩子身上的词，却被频频用于爱人之间。这大概是爱情给人的最甜蜜的特权——无论你是而立、不惑抑或七老八十，无论这个世界要求你扮演怎样的成熟抑或天真，但只要我爱你，在我的面前，你就可以永远做个孩子。

爱一个人的时候，总会觉得对方特别小，特别傻，特别柔弱。所有的人都怀有心机或目的，只有她不是。所有的人都可能伤害她，她却不会伤害任何人。当然这只是爱情令人产生的幻觉，事实是，所有人的话你都听不进去，而只有她的话能听进去；所有人受伤害你都不在乎，只有她受伤了你会心疼。相应地，爱情的结束也往往从这种幻觉的消失开始。突然之间，那只小白兔显得有了心机，工于算计，令人厌恶。那曾经施以宠爱的人不会觉得是自己变了心，而只会认为是自己看走了眼，竟然曾经试图去保护这样一个完全用不着保护的对象。

如果你就是那只小白兔的话，当对方开始用一种崭新的、寒冷的目光打量你的时候，你就该明白：宠停了，于是爱也要停了。你得长大了。

如果你观察一个人长大变老的过程，你会发现人的相貌和心境的苍老都不是匀速的，而是一程一程的。每一程，都有一个事件作为里程碑。那些幸运儿没有里程碑，所以仿佛永远悬浮在时光中，偷得时间之外的时间。在他们的身前，总是无一例外地有一个人，用无与伦比的耐心，为他们打造出一个遮风挡雨的小宇宙。就像《三体》里的程心所得到的那个一样，哪怕宇宙轰塌了，只要有那个人的爱，她就可以永远躲在里面，做一个孩子。

其实很多时候，我们可以长大，可以去征战去漂流，只是心里总放不下那个晚熟的梦。当皱纹爬上这张脸，当这双手上长出老茧，当这颗心被生活打磨得坚硬麻木，我还是想轻轻问你这句话，再体验一遍当个被宠爱的孩子的感觉：“想要问问你敢不敢，像你说过那样地爱我，让我永远不用长大那样地，爱我。”

和 岁 月 一 起 走 失 的

安：

五分钟之前我刚刚确定一件事：我找不到你了。

事情是这样的：如果你从十八岁时起就离开了家乡，在外读书、工作，如果你家乡的人们近年来也都纷纷迁徙，如果和你从小一起长大的好友也在外漂泊，而你们又因为某种原因在长达一年的时间里没有联络对方……

你会发现，和一个人失散是件很容易的事情。

确定这个事实之后，我试着回忆最后一次和你联络的情形。那是2011年的春节，我在上海过年。大年三十的下午，手机铃声响起。我拿起手机看了一眼来电显示，问："哪一位？"我问"哪一位"，用的是礼貌疏离的口气，虽然我明明一眼就能认出你的号码，即使我已经将它从通讯录上删去。我只是为了让你知道，我已经将你从通讯录上删去。因为我生你的气。

不知道从什么时候开始，见你一面成了件困难的事情。筹划了好几次，想和少女时代一样，在一起过一个周末，聊天聊到不知道什么时候睡去，醒来一起去吃路边摊，却总是未能成行。

你忙。自从被世人冠以“剩女”的头衔后，你的事业心越来越重。看着你为工作报告废寝忘食的样子，我难以相信你是曾经那个带头拒写作业的叛逆少女。你的职位升了又升，薪水加了又加，我们的周末之约取消了又取消。我孤孤单单地等在你的公寓里，除了浴室濡湿，床铺凌乱，这里所有的东西都蒙上了一层薄薄的灰。

你需要安全感，我懂。大概是从你下楼买个西瓜都要坚持化上淡妆、戴上耳环的那一刻起，我发现了这个事实。我也在替你着急、留意，却总是差那么一点点，大概是我太明白你想找寻的那个微笑有多阳光，多温暖。后来你放弃了淡妆和耳环，将精力转向Excel和PPT。对于一再地放我鸽子，你道歉又道歉，说自己也同样向往一个只属于闺密的周末，却奈何不了这狗一般的生涯。于是我们索性约定：离开彼此的城市，到第三个城市里去实现那个计划已久的周末。关掉手机，假装我们又回到了十六岁，让除此以外的一切东西都去见鬼。

我们将那个城市选定为扬州。你从南京出发，我从上海出发，差不多的路途，差不多时间到达。在约好的时间里，我等来的只有你的电话，你说公司临时有事，你已经在前一站搭上了返程车。

你当然还是道歉，我却已经觉得心凉。在这个世界上能够完完全全包容你的人也许只有母亲，朋友不行，反正我做不到。在朋友的心里，多少还是有一杆秤，秤那一头的砝码太重或太轻，友谊的天平都会应声而倒。

挂上电话我就删掉了通讯录里你的号码。我还记得当时自己脑子里的念头是，夫妻尚且有感情不合而离婚的，朋友的缘分尽了，也不必勉强。

那样轻易地放弃，是因为以为很容易得到。

你知道我最讨厌纠缠。其实你也一样。一个狮子，一个射手，星座手册上都说我们是天生的闺密。曾经，我的口头禅是“我才不要要来的东西”，而你的座右铭是“没有什么值得我放弃心灵的自由”。

十五岁时，我喜欢的男生喜欢上你，我们没有因此放弃。你和他一起放学回家，我不远不近地走在马路的另一侧，你隔着马路把他说的笑话喊给我听，我们一起笑得喘不过气来。奇异，却和谐，是我们有点不羁、有点感伤的少年时代。

十八岁时，我考上外地的大学，你留在家乡读师范，我们没有因此放弃。我们不常写信，也不常通电话，因为彼此都是容易不耐烦的人，但我逛鞋城的时候总记得买一双大半码的鞋子——给你的；而你每年春节前总记得在那家点心铺子定做我爱吃的半糖的米花糖。遥远，却不隔膜，是我们有点迷惘、有点寂寞的青春。

二十二岁时，你到上海找我，我毕业，你失业，我们没有因此放弃。我逼着你将简历改了又改，口语练了又练，然后陪着你跑完了长三角大大小小的招聘会。你终于在南京落下了脚，如今你的收入是我的两倍还要多。辛苦，却执着，是我们终于开始脚踏实地的人生。

到了今天，在我们都长大成熟之后，在初中入学报名处第一次见到你之后的第十六个年头，我们却放弃了。我先递出放弃的姿势，你的最后一次努力被轻视，然后你也放弃了，换了公司，换了住址，换了电话，于是，就像前面所说的，我找不到你了。

我应该感叹我们是那么相似——懒于纠缠，勇于向前。对工作，对感情，对友情，莫不如此。只是我想，在某一个时刻，我们各自在不同的城市里匆匆前行，也许路旁的两个女孩会唤起被我们狠心放在一边的记忆，那些了解，那些亲密，那些从漫长的成长岁月里一丝丝熬制出来的默契，再也不会得到了。

其实在那之前，我们的上上次见面也说不上愉快。责任在我。

你在一个下午突然打来电话，说要来上海找我。电话里你语焉不详，我只能揣测你遇到了不开心的事。吃晚饭时你拨了一个电话，随着电话铃声被对方掐断，你的脸色变得苍白。你用眼神制止了我的提问，默默地数着表。一刻钟后电话铃声响起，对方回拨过来，你接通电话说了几句，随即崩溃大哭。我全明白了。那个终于令你倾心的男人，他不是自由身。你将摊牌的地点选在我家，因为我是你在脆弱时能想到的最好的支撑。

我却令你失望了。我在忙。我的他第二天一早要远赴地球的另一边，我忙着将他的衣物、药品、早上要吃的维生素、晚上要穿的平角内裤打包，这类做妻子的琐碎，你不懂，也不会感兴趣。我将你安置在沙发上，用一块舒服的毯子包住你，将你要的红酒和杯子放在你的面前。然后我一边在客厅和卧室间奔进奔出，一边听你流着眼泪诉说。

我忽略了你热切的目光，你盼望我坐下来，坐到你的对面，和你一起端起红酒，像过去无数个日子里一样促膝谈心。我忽略了你不知什么时候沉默下来，不再流泪，只是一杯一杯地灌着红酒，而我则不停地说着“世上好男人多的是”这样毫无意义的废话。我忽略了你不知什么时候已然在沙发上睡去，脸色疲惫，眉心微蹙，而这时的我刚刚忙完，我将你的毯子拉好，轻抚你的额头，叹口气。

第二天早上你不再对我敞开心扉。你起得很早，洗头、洗澡，焕然一新，搭最早一班动车回南京上班。看着你也对我挂起了那个应付外人的微笑面具，我的心里感到不安，但我想下一次，下一次再好好补偿你。

选择了事业和家庭两条不同的路，这也许正是我们越走越远的原因？

十三岁或者十四岁的时候，我们将一个塑料仿玉的手镯砸断，学着电视剧里的样子各持一半，约定如果未来有一天失散了，就凭此相认。我们幼稚地想象着戏剧化的情节：战争、饥荒、流离失所，然后在茫茫人海中找到彼此，执手相看泪眼。

生活不是电视剧，战争和饥荒都没有到来，到来的只有我们日复一日的疲惫和麻木，在疲惫麻木中我们一不小心松开了手，眼睁睁地看着对方被冲散在人潮中。很久之后，我才发现，当我快乐时，当我悲伤时，当生活又给了我或沉重或莞尔的一课时，我总会觉得身边缺了什么。

那是你。安，我找不到那半个手镯了，也找不到你了。再也不会有人在我说完上半句话的时候就知道我的下半句会是什么；再也不会有人从马路对面懒洋洋地跑过来，喊着我打小的名字“妮呀”；再也不会有人和我会心一笑，然后跟我手挽着手用鞋跟神气地击打路面，因为刚才经过的面孔让我们同时想起了十五岁时的那个男生……

再也不会有人，只要站到我的面前，我就仿佛从未长大，还在无忧无虑的少女时光中。

在这封信的结尾，我想叫你一声“亲爱的安”。在我们认识的十六年岁月里，我从来没有这样叫过你，因为我们都觉得那样很肉麻，也很多余。你于我自然而然是亲人般的存在，而我们也理所应当地相爱，混合着小城桂花香气和酱油铺子叫卖声的相爱。

而现在，在十六年之后我将你弄丢的此刻，亲爱的安，再见，再见。

想念你的妮呀

请别这样伤害我

妈：

写这封信的时候，我正在流泪，你在我隔壁的房间里流泪。你哭，是因为从我出生到这个世界上来，你第一次以我为耻。于是我问自己，我是为什么而哭？是因为我给你带来了耻辱吗？抑或是因为你以我为耻这件事本身？

这对我来说真是新奇的感受——你以我为耻。在我的记忆中，唯一一次与之相似的经验，大概是在小学三年级那一年，我突然迷上了逃学，成绩一落千丈，你从班主任那里回来，独自在客厅里坐了一整个晚上。你没有责骂我，但我暗自决定，决不让那样的表情因为我而再次出现在你的脸上。

我曾经是个让你骄傲的好女儿吧？在过去的很多年里。很多女孩遭遇过的学业、事业、早恋的问题，我都小心而笃定地一一避开了。

我升入重点初中，从重点初中升入重点高中，我留最朴素的男生头，穿最朴素的衣裳，我在暑假拒绝男生的约会，去练习手风琴和舞蹈。有一段时间，你被“好学历不代表好工作”的说法困扰，但在我拿到著名企业的录用通知书那天，你含笑扬起了头。

但我最终还是没能做到。就在半小时之前，当你冲我喊出那句“你在丢我们的脸”的时候，我的心里哗啦一声，有什么东西突然碎掉了。是的，我没能做到。在嫁人这个问题上，我交了白卷。只是我之前一直以为主考官是生活，于是我努力地用其他的科目填补我的分数。

我从来没想到，原来主考官，是你。

妈，你说是不是很好笑？在我生命的前二十八年，我们的目标是一致的：我要当个好女孩、好学生、好人。可在我生命的第二十九年，情况突然变了。因为你发现，我们竟然忽略了最重要的一科，那就是，我还必须当一个有男人要的女人。少了这一科，我的成绩单什么都不是。

其实我们的目标仍然是一致的。只是这一科和之前的所有科目都不同，它涉及我的心灵、我的身体。我可以努力努力再努力，可以头悬梁锥刺骨地读书，可我就是没办法闭上眼睛，将自己的身心交给一个我不爱甚至不尊重的男人。

如果我可以，那么之前所有的努力又有什么意义？妈，告诉我，我真的很迷茫。

妈，你还记得陈翔吗？上周，我在网上看到，他当爸爸了。照片里的他抱着大胖儿子笑得合不拢嘴的样子已经和我记忆里的样子相去甚远了。别介意，妈，我提起他绝对没有故意戳你心窝子的意思。我只是想和你说说我看到这张照片时的感觉，那就是——呀，原来时间已经过去那么久了。

我感觉似乎还只是前两年的事，他在高考结束的那个中午向我表白，他每个月用省吃俭用的钱坐火车到大学看我，他在我们家客厅里，被你斥为“癞蛤蟆想吃天鹅肉”。

写这一段的时候，我在微笑。我简直不能相信，和错过陈翔相比，我竟然更在乎你以我为荣。我还记得在那段时间里，每当我有点想他，我就告诉自己，我妈觉得我值得更好的，那么我就值得更好的。然后岁月就像踩着风火轮一样呼啦啦过去，一晃眼，我就莫名其妙地被放到了“剩女”的位置上。

“剩女”这个词的出现，我想原因之一，当然是社会越来越现实了，男人被清楚地分为“可嫁型”和“不可嫁型”。原因之二嘛，是生活越来越费力，所以许多二十岁出头甚至二十岁不到的小妹妹都愿意和老男人纠缠在一起。原因之三，妈，你不得不承认，我们女人的选择在增多。

归根结底，女人能够养活自己了。这里的养活自己，不单单指有一份工作，还有受教育、接受信息的机会，看世界的眼光，表达自己观点的勇气。换言之，我能够靠自己生活得很好。我想买什么，点击鼠标就有快递公司送到。我想去哪儿旅游，一个电话就有旅行社方方面面打点。我不再需要男人指点我、照顾我，或者给我扛大米，送液化气罐。当然我也就随之有了选择的权利。有了等待、拒绝、反感的权利，无论我是否已经年近三十或四十。这难道不是社会进步带来的一件好事吗，妈？

你说“丢脸”，老同事的女儿嫁了，老同学的女儿嫁了，隔壁王阿姨的女儿比我还要小三岁，也嫁了。我的“没有男人要”日益变成一个巨大的阴影，笼罩在你和我爸的头顶上方。而我在这个阴影下的种种表现和努力，你们再也看不到了。

我相信让你如此愤怒的一个原因，是我显得“不着急”，我不恨嫁。而事实上，我恨嫁。起初，我的自尊让我只向极少数我确信对我怀有真诚善意的人坦露我的恨嫁，但笼罩着你和我爸的阴影促使我放弃了自尊，我开始将我的剩女身份像一道伤疤一样向每一个我觉得有可能帮忙的人展示，即使我明明知道，她们中的某些人转头就会将我当作茶余饭后的谈资。

我很积极地去相亲。与二十六岁时的勉为其难、二十七岁时的犹抱琵琶半遮面比起来，现在的我简直像个专业的“周末相亲运动员”。我已经记不清我在或大或小、或油腻或考究的餐厅里见过多少或胖或瘦、或沉默或健谈的男人了。

每见一个男人，我都希望他是最后一个。甚至在去相亲的路上，我就忍不住憧憬带他回家的情形——我会有多甜蜜，你会有多开心。为了这份憧憬，我在每一次相亲时都尽量温柔，尽量可爱，尽量用正面的眼光看待坐在我对面的男人。

他们是一些这样的人。

A君在第一次约会时没有付账的意思，在第二次约会时仍然没有付账的意思，并且表示婚后我要赡养他的父母，但是他不会赡养你们。
B君在第一次见面时就尝试摸我的手、揽我的腰，并且暗示性生活和不和谐是他决定结不结婚的重要因素。
C君是个坦白的人。所以他从一开始就说得很明白，哪一天他儿子表示容不下我，哪一天我就得滚蛋。
…………

当然，也不乏我看上了别人而别人没有看上我的情况。妈，现在的男人比你知道的要世故圆滑得多，其实有好几次，介绍人告诉你是我不联系对方，而事实正好相反。他们没有看上你的女儿，甚至连个恶名都不愿意落下。

有的时候我怀疑相亲这种方式是否适合所有女人。因为除了极个别者，大多数女人都会在落座的时候发现对方眼里的失望。男人总归是视觉动物，不论他自己长成什么样。而你的女儿，妈，虽然说不上难看，但并不是个美人儿。

既然对方并不是美女，既然是在如此赤裸裸的现实的环境里认识的，男人也就不惮于暴露自己的本性了。这种本性，可能比你在生活中认识他时还要不可爱得多。而不是美人儿的我，居然还幻想着嫁给一个可爱的男人，这难道就是你和其他人不谅解我的原因？

写到这里，我突然明白了，我哭，是因为我知道，你爱我。
你只是不知道自己正在怎样地伤害我。

小的时候，你试图教我游泳，但是我无论如何都害怕水。一开始你生气、失望，但后来有一天，我趴在你怀里，仔细地告诉你水带给了我怎样的对死亡的恐惧。你静静地聆听，从此以后再也没逼过我。直到今天，我还是不会游泳，但是我不再害怕水了。我喜欢海边，喜欢湖面，它们让我想起你，想起我可以全身心信赖的母爱。一旦你真的理解，你就会给予支持。

其实我早就该写这封信，在我二十九岁之前，在你喊出那句伤害了我们彼此的话之前。我怎么会相信，居然有一种压力能够凌驾于你给我的爱之上。

妈，我什么也不保证，除了保证我会过得很好。因为我相信，这才是你真正在乎的事情。我郑重地保证我会过得很好。我会努力工作，制订切实可行的理财计划，确保我不会像你担心的那样“老死街头”。我会积极地生活，与人为善，结交朋友，开阔心胸，绝对不会变成性格孤僻的老怪物。

还有爱情，我不会放弃爱情。我会怀着这个奔头，像爱护眼睛一样爱护我的女性魅力。就连下楼倒垃圾，我也会戴上我的耳环。谁知道白马王子会不会正好从垃圾箱旁边经过呢？也许白马王子离异，秃顶，有肚腩，赚得还没我多，但是我期待的，只是一份“在可接受的范围内切合实际的爱情”。

给我一点信心，妈，就像你从前很多次给过我的一样。因为我可以失去很多，但唯一不能失去的是你的信心。和嫁不出去比起来，那样的伤害才会让我彻底地觉得孤单。

爱你的女儿

后来，我们都爱上了一个人

唱着唱着，我们就拥有了很多过去

1994年的夏天，十五岁的我被一朵玫瑰花扎伤了手指。我在阳光下举起沁着血珠的手指，它是半透明的，有着和玫瑰花相同的颜色。喜欢摩挲和赞美它的人是妈妈，她常常让我不耐烦。那些令她大惊小怪的东西——鸡蛋似的脸颊啦，缎子般的头发啦，黑白分明的眼睛啦，不过是青春。而青春对我们来说是不足为奇的。

我们倒是挺稀罕过去，与回忆、思念、欲语还休有关的过去。那是很令人兴奋的。你的谈话以"曾经"或"那时候"开始，接着你的眼神一飘忽，离开了正在听你讲话的人，到达一个安全的、对方决计到达不了的所在，周围的一切都在缓缓流动，只有你怀着喜悦蹲守在时间的中心。

我们正处在追逐美的年龄，同时也敏感地发现，什么样的美也敌不过时间之美。时间以沉默之姿一一走过，将事物镀上难以言说的美妙光辉。浪漫全部失之于轻薄，直到它们拥有很多时间。

对于十五岁的我们来说，能够意识到这一点，是很不容易的。遗憾的是，这是我们无能为力的。我们唯一能做的，不过是让陌陌利用广播员的身份，在校广播台一遍遍地播放卡朋特的《昨日重现》，当课间她磁性沙哑的声音在操场上空飘荡，我们以近乎虔诚的态度随之轻唱："Every sha-la-la-la， every wo-o-wo-o……"

唱着唱着，我们就拥有了很多过去。

每周一次的班会课上，我们帮忙修葺学校的小花园。这并不是一个简单的任务，因为需要自由组队完成。对十五岁的少女来说，没有什么比自由组队更考验人了，因为我们都对那个规则心知肚明：孤独是可耻的，没有朋友是可耻的。想象着周围的人一队队地走开，而你独独像退潮后被扔在沙滩上的贝壳，那简直是让人想要立刻去死的难堪。

所幸我不用为此担心，因为我有陌陌和安娜。我对陌陌说，我们要和新来的那个女孩做朋友。这感觉很难解释，并不仅仅是因为安娜漂亮，也许也因为她过马路时如一只鹤小心翼翼涉水的样子。陌陌却不是很乐意。和每一个十五岁的闺密一样，她对我的爱带着独占欲望。终于，安娜如一只鹤小心翼翼地涉水向我们走来，她说："你们看，我们的衣服分别是红、黄、蓝。"

从我手中汩汩流走的，分明不只是风

一朵玫瑰从什么时候开始长出花刺？如今的女孩们想必更早，而1994年的我们，十五岁。我们已经读过很多小说，包括《红楼梦》和《琼瑶全集》。我躲在被窝里打着小手电筒，依次看过三十六个男主角“疯狂地碾上”三十六个女主角的嘴唇，这扑面而来的崭新恐惧让我透不过气。

嘴唇，口水，舌头。哦，成人世界真是让人既恶心又发愁。

让我发愁的还有两件具体的事情。一是我越来越无法忽略的胸部，这件事以我以不去上学为威胁，逼着妈妈给我做了一件紧身褡裢而暂告一段落。二是我的“大姨妈”，它第一次拜访的时候我坐在厕所门口哭了一个钟头。妈妈以为我是害羞，其实我是愤怒——我竟然堕落成了恶心的成人！

能够分担我心事的只有陌陌和安娜。我们在体育课的间隙并排躺在草地上，这种时刻总是让人分外安心。四周凝滞下来，只有远处传来的不明嬉闹声。我们的鼻端有青草的味道，还有我们自己的味道，新鲜、葱郁、小心翼翼。我们试着用同一个频率呼吸，直到有人扑哧一声笑出来。我百无聊赖地向着太阳伸展手臂，从我手中汩汩流走的，分明不只是风，还有些我们彼时毫不珍惜却将永远怀念的东西。

男生们非常讨厌。我不明白他们怎么会在一夜之间，从和我手拉着手回家、同样芳香柔软的小伙伴变成了一群陌生人。他们那么吵闹，那么能吃，那么没心没肺。在你需要他们的一点体贴时，他们永远看不懂你的暗示。而当你不慎大姨妈侧漏，或者第一次穿上草字头内衣的时候，他们的眼睛又比特务还尖。最不可原谅的是，他们大多比我们更瘦、更矮，衬得我们像女金刚一样，手脚都不知道往哪儿放才好。

在经历过两小无猜、疑窦丛生、捕风捉影的阶段之后，我们决定对他们采取敌视的态度，正如他们决定对我们采取敌视的态度。安娜首当其冲。男生们有多喜欢偷看她，就有多喜欢捉弄她。她收获的恶作剧比情书还要多。

人生可以安排得极为寂寞，如果爱情愿意

我们鄙视男生，当然也鄙视爱情。爱情是软弱者的行径，他们败给的，是时间掳去我们的澄澈的险恶用心。教室最后一排的那对男女就是很好的例子。他们趁老师不注意手拉着手的样子真是傻透了。最傻的是他们居然还以为我们羡慕他们的勇气，殊不知他们每一个互相凝视的眼神都让我们肉麻得汗毛直竖。

我们很矛盾。我们贪恋过去，又惧怕现在。然而如果不经历现在，现在又如何变成过去？我们憧憬一个记忆中的吻，它是完美无缺的，其时的月光和花香都完美无缺。它轻暖细密，体贴一个

女孩需要被体贴的一切心灵角落。但是当思绪转入现在——哦，口水。哦，舌头。哦，这些讨厌的男生。

只有一个人是特别的。我是多么不愿意承认这一点，可我的诗词手抄本证据确凿——它记录了许多个黄昏，我用四处搜集的文字描绘的第一次心动，这些文字来自席慕容、汪国真、莎士比亚和叶芝。

我偏爱那种尚未开始就已经着手放弃的爱情，例如这一首诗中所描绘的：

> 四季可以安排得极为暗淡
> 如果太阳愿意
> 人生可以安排得极为寂寞
> 如果爱情愿意
> 我可以永不再出现
> 如果你愿意

我和陌陌、安娜互相交换诗词本。我们心照不宣：三本诗词本的男主角是同一个。这并不奇怪，因为大半个班的女生都是如此。

我们没有任何行动计划，除了写诗词本。任何行动都无法保持画面的美感，除了在虚空中漫无目的地伸出手，任何有目的的手势都逃不开狼狈。当然，如果展开行动的人是他，那么一切就不同了。谁会是这个幸运的女孩呢？一张放在文具盒里的字条告诉我们，她是安娜。

我哭了。陌陌哭了。接着，安娜也哭了。这么地幸福。不敢想象的星光，突然在暗夜中回应闪烁。我知道，这星光将带着安娜离我们远去，离并排躺在草地上的日子远去。

我们曾经怎样徒劳地拖延与这个世界的最终照面

安娜如小心翼翼涉水的鹤，最终选择了驻足。

我想，天上的诸神大概会暗暗发笑，如果他听到三个十五岁的少女发誓要一辈子厮守在一起。这并不是一个轻率的誓言，她们制订了详细的方案，包括谁负责赚钱，谁负责家务，谁负责照顾收养的孩子；包括在哪座城市，房子是什么样子，卧室里有三张床，分别是红、黄、蓝三种颜色；包括每一天她们怎样被闹钟吵醒，在晨光中出发，在灯光中重聚，在都市里相依为命。

许多年后，我果然来到一座城市，有一间小小的卧室，里面只摆得下一张床。我在晨光中出发，在灯光中与寂静重聚，但我还记得十五岁时伴随着青草气味的誓言，记得我们曾经怎样徒劳地拖延与这个世界的最终照面。

像是天生的第六感，我们一眼就发现了爱的暗面隐藏着伤害。于是玫瑰长出刺，不是为了不被采摘，而是为了更加奋不顾身地爱。

安娜将字条的碎片抛向空中，暗示着这个夏天彻底过去。我们进入毕业季，一切的烦恼都要为前程让路。

后面的记忆开始陷入混沌，像被风裹挟着不由自主地向前。风从各个方向吹来，骑着车赶路的街头，覆上薄冰的狭长走廊，没有人再试图张望的教室窗口。光线一点点暗下来，是我的视力开始下降，陌陌停下了卡朋特的《昨日重现》，每天准时响起的是高亢得令人吃惊的眼保健操的广播声。我们每个人都沉静下来，将梦想和躁动放进现实的小抽屉，再按照指定的步骤一一打开，或是永不再打开。

草地上的誓言像只开一季的玫瑰，脆弱得经不起秋风的一夜打探。匆匆地赶了一站路，再抬起头来时，我们都已不在彼此的身边。

后来，我们都爱上了一个人，也许是两个，也许更多。也许其实一个也没有，只是时间将我们放进了各自的日子里，但我总忘不了，在十五岁那年夏天发誓要和我共度一生的人。

美貌的力量

她有许多特点，但如果非要用一个词形容她的话，大多数人还是会选择“美貌”。只因那美貌实在太过锋芒，虽然随着年纪渐长而渐渐收敛，却仍足够令她在人群中脱颖而出，盖住了她给别人留下的其他印象。

她是我儿时的伙伴。从初中开始，我们一起经历了太多男生和男人为她争风吃醋、神魂颠倒的故事。奇怪的是，女孩和女人们也都喜欢她，因为她并不恃色而骄，对于她的美色和因为她的美色而引发的故事，她的态度是平静而淡漠的。

大概是家教很严的缘故。在她的成长过程中，她的父母对自己女儿的美貌心知肚明，因此战战兢兢，草木皆兵。我记得她放学后不得在外逗留超过一个小时，不得在同学家里留宿，曾经因为看了一本爱情小说，被父亲罚跪两个小时。

她的美貌，大概像一柄利剑，所有人都等待着有女初长成而剑出鞘的那一刻。这一刻理所应当地到来了，在她终于考入理想的大学的时候，她的父母舒了一口气，告诉她："你可以看爱情小说了，而且可以适当地注意男人。"

从她的身上我验证了一个道理：一个美人儿，得到别人倾慕的机会自然远远多于我们这些普通人。但得到真爱的机会，还是众生平等。这不得不说是上帝的公平。自然而然地，她先是选择被爱，并且选择了看起来最深沉、最可靠的那一个，结果失败了；之后她又选择爱，和所有的女孩一样经历忐忑煎熬，让感情在自信与不自信之间一天天坏死，结果也是失败。到了最后，她竟然和许多人一样，成了剩女。

当然这一点也并非跟其他人完全一样，到了这时候，她还是美的。虽然随着岁月流逝，她失去了些许鲜嫩饱满，却也增添了些神韵和风情。我知道她的追求者里有创业初具规模的IT狂人，有死缠烂打十几年的高中同学，还有口口声声"年龄不是问题"的85后弟弟，但她喝醉的时候还是要一个人哭，生病的时候给自己熬姜糖水，搬家的时候叫两部出租车拉行李。

我好像没有看到美貌给她带来什么好处，有着和我们这些凡夫俗子不一样的通行证，她却还是一步一个脚印地走着自己的人生。她不是没想过走捷径，曾经有一次她几乎嫁入豪门，结果在和未来婆婆会谈以后，她板着一张脸回来，从此与对方恩断义绝。当然，她的姿态比一般女人要高一点，自尊比一般女人要重一点，斩断一段情，也比一般女人要果断一点。不知这是上帝给她的礼物还是诅咒，抑或是上帝在为她打开一扇窗的时候，也给她关上了一扇门，目的是保证众生平等。

在工作上，情形也是大同小异。她从年轻的时候开始就一直是面试大赢家。只要能够进入面试环节，她就不会被拒绝，那种男人被吸引而女人不反感的美，是她最好的武器。但容易获得一份工作也并没有帮助她在事业上走得更远。美貌同样成了一柄双刃剑，利的那一面，是她容易获得别人的信任和帮助，而弊的那一面，是她总被认为不会为工作付出太多，天生是养尊处优的命。

事实是，她并没有养尊处优，只是枉担了这个虚名。她在青春和美貌的尾巴上，嫁给了一个十年前的她也许不会选择的男人，同时维护着自己那份高不成低不就的朝九晚五的工作。她终于摆脱了美貌的桎梏，不再为不能给别人留下其他的印象而头疼。只是，在忙忙碌碌的间隙里，她看着那些更年轻、更美貌的女孩，会轻轻地叹一口气。

这么多年过去，直到容颜渐老，她才终于明白：美貌的真正力量，在于让你学会如何在这副皮囊的魔力消失之际，再凭着其他的东西，继续好好地生活下去。

Coffee

借人一回钱，胜读十年书

要迅速体会世态炎凉，最好的办法就是找人借钱。

我的一个普通朋友老王在他的空间里分享了一个关于借钱的故事。因为急需一笔钱周转，他要在二十四小时内凑两万元。想想这是个不大的数字，他抱着希望向最铁的哥们儿开口了。当初对方的母亲住院的时候，老王用皮包拎了三万元现金到医院。他得到的答复是这样的："两万！晚上八点了，你让我上哪儿去找？不是我说你，你这个人做事永远不考虑别人的感受！"得，钱没借着，还吃了一顿教训。

老王求助的第二个人是朋友圈里向来以热心肠著称的飞哥，得到的反应是："大晚上的别开玩笑了，就算黄世仁要跟杨白劳借钱，你也不可能跟我借钱，哈哈哈。"说完，飞哥干脆利落地挂上了电话。

第三个是老王的发小儿，稳稳的上层中产人士，工作好，收入稳定。老王的话还没说完，对方就开始哭穷。老王忍不住问："前几天吃饭的时候你不是说要换车吗？"对方回答："酒桌上说的话你也当真啊？"

那个夜里，在异乡的酒店，老王一个一个地拨打着让他自长大之后再长大一次的电话。收获的不是钱，而是丰富的落井下石般的谆谆教导。

我在此特别强调了"普通朋友"，充分表达了自己从这个故事中逃脱的庆幸感。平静下来之后，我扪心自问，如果我在这个故事中，我会扮演哪一个角色?

首先我可以确定，我不会扮演老王。在借钱这件事上，女人的心智从来要比男人清醒得多。老王要用一个晚上、几十元话费和一则令人唏嘘的日志才能了解的世情，我在十八岁的时候就了解了。在我看来，那些表面上看起来有房有车、日子光鲜的人，其实没准儿孩子小、父母老，还背着一屁股房贷，念着自己那本难念的经。就算真的有闲钱，也是留着防父母生病、孩子有事的，找他借钱，真的是难为他。

老王自以为平日对朋友一掷千金，出手豪爽，对朋友仗义。其实有些时候他抢着埋单，对方并不高兴。例如上次飞哥请客，老王一个劲儿地让他把钱留着，说要用钱的地方多着呢。那姿态相当于告诉所有人，飞哥混得不咋样。还有那种长年累月不联系，一冒出头就向对方提借钱的朋友，借钱被这种人拒绝了，你还应该道一声对不起，因为你给人家制造了尴尬。

这么多年来我只向最亲密的朋友借过一回钱。我借钱的方式是这样的：告诉他我为什么要借，告诉他我为什么不向银行借，告诉他我什么时候还，告诉他我怎么保证到时候能还，告诉他利息怎么算，告诉他借条怎么写，数额由他定。

我的借钱方式被老公斥为“没人情味儿”，结果，在那个首付被银行突加一成，必须在一周内付清的关口，我借来的钱是他借来的钱的三倍。这个事实令他开始怀疑自己的人生观，但是我用一句话唤醒了他：“其实不是方式方法的问题，更不是人缘的问题。我借钱顺利是因为朋友们都了解，我有强迫症，有外债，我睡不着。”

别把借钱这件事看得太大，但也绝对不要把借钱这件事看得太小。如果你想失去一个朋友，那么就向他借钱吧。就像老王，没借着钱事小，从今以后见了哥们儿都会生出一层隔膜和别扭。其实在我们女人看来，这也大可不必，亲兄弟，明算账，不借钱，并不意味着就不能做朋友了。毕竟，你对友情的要求，总不能凌驾于人性之上吧？

别用借钱考验朋友，就像别用艳遇考验爱情。因为无论怎样，你考验的都是人性，而人性是经不起考验的。

我爱你，因为无法离开

年过三十，生活有了一种尘埃落定的感觉。当然这句话在四十岁的人看来，可能言之过早，不过和二十多岁的人比起来，生活已经向我们关闭了许多的可能性。

这个时候，你就面临着一个残酷而不得不回答的问题：你对自己的生活满意与否。而对于这个问题，我想大部分人的回答都会是否定的，否则也就不会有“人生不如意事十之八九”这样的老话。这个世界上有许多份难以交代的成绩单，但其实最难交代的那一份是给自己的——如果它的结果不那么令人满意的话。

那天我坐出租车，广播里突然放了一首很多年前流行的老歌，歌词是“不怕要多少时间、多少代价，青春是我的筹码”，那一刻我的心像抽丝般疼痛了一下。十年前听这首歌的时候，我还有强烈的共鸣，而现在听这首歌，我的心里涌起了一句话：我的筹码，已经用完了。

筹码用完，底牌亮出来，这就是生活。关于这一点，往往男人要比女人看得透彻，因为这个世界上永远不缺爱抱怨的女人。从十八岁的大女孩，到八十岁的老太太，从最亲的闺密，到我们自己，大多数女人都觉得自己“嫁错了人”，大多数女人都觉得自己的生活让人失望，而将此归咎于男人。

在我居住的小区里，有一个让我们所有的妈妈都羡慕的主妇。她的宝宝两三岁，自己保养得容颜姣好，身材适宜。每一个周末，我们都看到她那位英俊的先生用婴儿车推着孩子出游，手里还拎着她的背包，她踩着高跟鞋走在后面，那种被宠爱的幸福呼之欲出。谁知道在一次亲子活动中，我无意中与她攀谈几句，才发现她同样是一个一肚子抱怨的女人，具体的内容主要涉及她的婆婆。总而言之，衣食无忧、三口之家和和美美的她，因为一个一年中相处时间不超过两周的婆婆，一口咬定自己“嫁错了人”！

连这种看起来生活在蜜罐里的主妇都在抱怨，我开始怀疑这个世界上到底存不存在传说中的幸福。一直到闺密告诉我有关她父母的故事，我才放心。她的父母亲都刚满六十，结婚三十多年了，前些天她休假回家的时候，母亲告诉她自己开始存私房钱了，因为现在她终于嫁人，母亲也觉得了无牵挂，再也不想和父亲凑合下去了。所以，一旦私房钱存够了，她就打算离家出走。

我好奇闺密对她母亲这样的打算一点也不觉得紧张。她耸耸肩告诉我，这样的话她已经听了二十年了，母亲的抱怨永远不会停，就像她的私房钱永远存不够。在她看来，这不过是老太太一种变相的发嗲方式罢了。

爱了一辈子，付出了一辈子，也埋怨了一辈子。这大概就是女人。只是，为什么要抱怨呢？也许这是女人自我平衡的一种方法，总想提醒自己：我曾经有过更好的选择。但是，一再地回顾这些已经错失的选择，真的于你今天的生活有益吗？

春节的时候，在超市里，看着属于我的那个男人用购物车推着属于我的那个小人儿，那样踏实平凡的幸福，让我感觉到的是青春终有所值的温暖。一匹野马，在百般挣扎之后，终于学会低下头来，爱上属于她的那片草原。既然无法离开，那就狠狠相爱。

生活向又一个终于了解到它的真味的女人露出了欣慰的微笑。

Chapter 3

真爱需要棋逢对手

他们分手很多年以后，她在过一个红绿灯的瞬间突然明白了：他需要的，是棋逢对手的爱人，他们在清晨的山脚下各自出发，跋涉艰险，在黄昏的山巅上相互拥抱。

爱有底线。那个底线就是，我们必须可爱。

昔日班花的裤腰带

这个世界上有一种关系叫作老同学，于是产生了一种现象，叫作同学会。为什么称之为“现象”呢？众所周知，参加同学会的人各怀鬼胎。有来吃饭的，有来喝酒的，有来炫富的，有来仇富的。总而言之，各有各的戏要唱。不过要论这主角中的主角，那就非美女和大款莫属。

美女和大款本不相干。美女是昔日的班花，当年风头无两的人物。大款在彼时着实不起眼，除了睡在他上铺的兄弟清楚地记得他，众人记忆中的他面目模糊。也许大款也曾暗自倾慕美女，但他也只能默默地看着美女投入白马王子的怀抱。

金钱和美色是永恒的热点，同学会上也不例外。众人怀着难以言说的促狭起哄，要大款和美女喝交杯酒。眼看着昔日班花拿出带了欧巴桑[1]

[1] 由日语音译得来，原意为大妈、阿姨，泛指中老年妇女。

气息的娇羞，而今日大款的眼中发出狩猎的光芒，我的心里突然涌起不详的预感。俗话说“同学会，会同学，会到一起搞破鞋”，难道这庸俗的戏码要在我们面前活生生地上演?

不知是美女一步步地滑向大款的圈套，还是大款一步步地滑向美女的圈套，抑或人家两情相悦，我们免费参观，总之到酒足饭饱、杯盘狼藉之时，美女和大款已经不知去向，留给大家的最后印象，是大款在酒桌一角紧贴着美女的面颊窃窃私语。

后来的故事来自大款单方面的报道，因为美女从第二天起就再也没有出现在任何一个同学面前。

话说第二天一早，美女在酒店的King Size[1]大床上醒来，正欲给枕边人一个诉说终于一亲芳泽的狂喜心情的机会，大款的小蜜来接大款了。临别前大款深情告白：“这么多年我都忘不了你啊，你看，我的小蜜长得很像十八岁时的你吧？”

得，这么多年，大款都没真正毕业。经过与昔日班花的这一夜，他才算是齐活了，从此可以将抑郁少年彻底抛到脑后，尽情徜徉于90后少女的怀抱。至于美女，待价而沽这么多年，结果却在最不该出手的时候出了手，这种行情，只能用“崩盘”来形容了。

[1] 指特大号的双人床。

当一个美女，有的时候有着不能为外人道的压力，觊觎的眼睛和等着看笑话的眼睛同样多，像昔日班花这样同时满足了两类观众的，是悲剧中的悲剧。可惜美女总是被半真半假的恭维模糊了双眼，忘记了岁月险恶，美色不保鲜，于是我们看到，晚节不保、让人可笑复可叹的例子比比皆是，而能够优雅老去的只有极少数人。

有句话说，漂亮的脸上能长大米；又有句话说，美女就是生产力。但是，这个生产力的目的，往往并不是让你幸福。男人是一种很现实也很阴暗的动物，征服是他的本性。虽然他苦苦奋斗的动力可能包括你，但其实你也不过是他人生账本上的一笔“应收账款”，一旦这笔账的前面被打上钩，他也就对这笔账失去兴趣了。

一个美女，获得爱情的机会当然要远远高于平常人，但是获得真爱的机会，大概还是众生平等。虚荣只能换来欲望，求速成也只能流于肤浅。被人睡了一夜，连个道歉都无法获得的原因，归根结底，是双方都心知肚明这不过是一场赌博——用他的记忆产生的雄性激素，赌你人生翻盘的机会。只不过结果是，他技高一筹，而你赌输了。

当女人难，当美女更难，当一个管得住自己裤腰带的美女尤其难。既然当年有眼无珠错过了潜力股，如今最明智的选择也不过是将矜持进行到底。千万别用你多年后松开的裤腰带成全他的碧海蓝天。

姑 娘 ， 别 碰 他 的 兄 弟

有一阵网上闹出过新一季的“艳照门”，一个选秀明星搂着据说是另一个选秀明星的女友拍了一张很清凉的照片。说起来那张照片的男主角也忒不厚道，自己的脸遮掩得挺严实，人家姑娘的花容和玉体都只欲盖弥彰地处理了一下。

我有一个女友，前段时间失恋了。这个女孩的人缘很好，所以一得到消息，男女双方的朋友就纷纷赶来安慰。可问题是，安慰工作做得太温柔，导致她又爱上了前男友的好友。在去向对方告白之前，她来找我谈心。我说：“赶紧打住吧，姑娘，虽说结束一段恋情最好的方法是开始另一段恋情，但没必要在一个池塘里来回搅和。你自己不嫌口味重，人家还担心怎么向兄弟解释呢。”

你别怪我想得太复杂，还真的就是这么回事。据调查，男人之所以喜欢处女，在很大程度上缘于“没有比较就没有鉴别”的想法。除了个别天赋异禀的人，大多数男人对于自己那方面的能力多少都有些忐忑，所以最不丢面子的办法是找一个两眼一抹黑的姑娘，你哪怕坚持说月亮是方的，她都提不出异议。

所以说，男人干吗给你一个机会，让你详细列出他和他兄弟的尺寸、时间、频率的比较数据？哪怕一时控制不住自己走了火，冷静下来之后，男人的心里还是会纠结：刚才那一刻她有没有想起兄弟？跟和兄弟在一起的时候比起来，她的参与热情是不是没有那么高？这会儿她会不会正在笑话我，越发怀念起兄弟的好来？

纠结的结果，当然是你们这段感情很难开花结果。本来就问题重重的种子，结不出什么甜蜜的果实。甚至还有一种更让人郁闷的情况，你从来就不是真正的主角，而只是兄弟之间竞争的工具。高潮的那一刻他可能连你的名字都忘了，脑海里闪过的只有“我睡了他的女人”！

不知道为什么，现代人越来越爱“虐恋”，硬生生地把生活过成了电视剧。CBD[1]掉下一片叶子能砸中三个美女帅哥，可他们非把自己关在小圈子里来回组合，组完了异性组同性，把彼此的关系整得乌七八糟。就算你说自己年轻，玩得起，忘得快，我相信你也不想在多年以后，别人把酒言欢的时候，你成了“那些年，我们一起睡过的女孩”。

---

[1] 即Central Business District，中央商务区。

不论到了哪个时代，恋爱都应该是件美好的事。而美好的前提是，好女有所爱，有所不爱。既然决定了不在这棵树上吊死，那么不妨走得远一点，别转脸就吊在隔壁那棵树上了。姑娘，天涯何处无芳草，离他的兄弟远一点。

他不是爱无能，只是不爱你

每个时代都有时代病，在这个时代，人们经常挂在嘴边的病症是，爱无能。

爱无能和性无能的意思差不多。性无能是想做做不了，爱无能是想爱爱不了。这比压根儿就不想坠入爱河还要惨，因为是被动而无奈的。想爱，但被客观原因阻拦了。客观原因不在外界，在自己心里。

话说这年头自称得了这个病的人还真不少。特别是20世纪80年代出生的一批独生子女。他们有些人觉得问题出在自己的成长模式，有些人觉得问题出在社会，有些人觉得问题出在互联网时代的信息大爆炸。总而言之，他们是受害者。他们这样形容自己的病症：没办法相信爱，没办法投入爱，鼓不起劲儿去与另一个人磨合，觉得还不如自己待着省事。

听起来还真惨。得了这个病的人岂不是命犯天煞孤星？郑伊健扮演的华英雄起码还品尝过爱情的滋味，可得了爱无能的人是彻彻底底的孤寒，他们没有品尝过心跳加速的滋味、琴瑟相和的甜蜜、为另一个人伤心的悱恻，连一个可以放在心里惦记的人都没有。

奇怪的是，我有好几个号称自己得了爱无能的男性朋友，都会在提起心目中的女神——很多的时候是刘亦菲——的时候，眼睛一亮。那种光芒，过来人一看就明白接近爱情。他们一边毫不掩饰地吞着口水看刘亦菲的靓照，一边对相处了短短几个星期就不想继续下去的姑娘解释："唉，这事不怨我，我是爱无能。"

好吧，如果一个男人将恋爱对象锁定为刘亦菲，那十有八九他这辈子无法涉足爱河。毕竟，刘亦菲只有一个。不过，我还看到过好多男人一边用爱无能作为借口离开一个女人，一边犯贱般地为另一个女人鞠躬尽瘁。而这些让他们的爱无能不治而愈的女人，都有一个普遍特点，那就是，她们是他们心目中的女神。

大概每个人的肾上腺素都有一个触发点，和女人相比，男人的这个触发点比较不随和。女人可能因感动而爱，因崇拜而爱，男人却永远只会为想要得到她而爱。对女神的欲望，可能会让男人在其他时间里变成吃素的。

甚至，不是女神也可以啊。20世纪80年代，歌星蔡琴与导演杨德昌结婚。杨德昌说，为了不影响两人的事业，他们应当保持柏拉图式的爱情。蔡琴相信了他的话，度过了十年的无性婚姻，直到以对方出轨告终。对方与另一个女人，不光不保持柏拉图式的爱情，还生了两个孩子。

每次我看到这个故事都感到一阵心酸。这个比不爱还要狠得多，这是侮辱，是毁灭，是从本质上彻彻底底地否定一个女人。还好，蔡琴走出来了，虽然我不知道她的微笑背后是否藏着心酸，毕竟，十年是一段很长的时间。

虽然对有些女人来说真相有些残酷，但我们还是得挺住，接受这样一个现实：没有人真的爱无能，他只是不爱你而已。

棋逢对手的爱人

他和她是在相亲时认识的，和很多相亲故事的结局不同的是，他们相爱了。说不清是他先爱上她还是她先爱上他，反正，在第一次见面后的第二天黄昏，她等到了他的电话。

他们去吃甜点，那家甜点屋的名气很大，味道却令人失望。她默默地将那道有名无实的奶油小方一口口吃完，忍受着舌根上因植脂末过于油腻而产生的麻木感。结账的时候，她发现他碰也没碰他那道甜点。这是他给她的第一个警告：当他感觉不对时，他不会迁就，也不会浪费时间。

他迎来了一个工作的繁忙时期，而她迎来了一个备感寂寞和迷惑的时期。他没有预告，也没有解释，只是将他们的会面无限地向后推迟。正在她考虑该不该彻底结束这段关系的时候，他交了项目报告，热情来了个一百八十度的大转弯，而他们，正式成为恋人。这其实是他给她的第二个警告：他不会为任何人改变自己。

他们一起去鼓浪屿旅行，那时候是春天。他们住进口碑很好的家庭旅馆，在深夜里抱着被子，听文青们喝酒作诗。他伸手将她和被子一起揽进怀里，她把头埋进他的肩胛处，自然而然，仿佛这是她来到世上所做的第一件事情。踏实、细小的幸福，在诗和酒的喧哗里，他们心照不宣地做一对俗世男女。

他们搬到了一起。他每天早上准时起床上班，而她缩在被窝里，等着他亲她一下之后出门，每天晚上做好晚饭等着他进门。他不知道的是，其实她总是在他关上房门的那一刻就起床了。她浏览各大招聘网站，以垃圾邮件的速度飞快地投递一份份简历。她从来没有想过自己可以靠他养着，也许是他的爱从来没有给过她这样的安全感。

他下班回家，在晚饭桌上与她分享一天的见闻。她发现他的言谈中越来越频繁地提及一位女同事。她开始异常地关心这位女同事，也许是因为她失业了，也许是因为她胖了十斤。从他的口中，她知道那位女同事住在附近，每天搭他的便车上班。她装作不经意地问起女同事的婚姻情况，他貌似更不经意地回答："不太清楚，好像离了吧。"

后面的日子，变成了她的试探和他的躲闪。她越来越拙劣地让话题围绕着那位女同事。

她说："你同事和你挺熟的啊。"

他答：“还行，办公室在一层楼。”
她说：“你这同事长得挺漂亮的吧？”
他答：“还算耐看吧。”

她在他看似坦然实则危机四伏的回答中日益气急败坏。终于，在一个早晨，她冲到他的车边，拍打着车顶拦住了正要离去的他们。

夏日的早上八点，阳光已经呼啦啦地开始暴烈。她的汗顺着下巴滴下来，逼视着女同事错愕地下了车。女同事的个头儿不高，胖瘦适中，穿着合体的褐色衣裤，脸上的皱纹看起来很和善。她约莫五十岁。

她猜到了一切，唯独没有猜到女同事是个阿姨，而他居然没有告诉她。那个夏天，他任由她在不自信的深渊里苦苦挣扎，却没有伸手拉她一把。

他们分手很多年以后，她在过一个红绿灯的瞬间突然明白了：他需要的，是棋逢对手的爱人，他们在清晨的山脚下各自出发，跋涉艰险，在黄昏的山巅上相互拥抱。

爱有底线。那个底线就是，我们必须可爱。

当男人开始爱舒淇

男友人从影院看完《西游·降魔篇》出来，提出这样一个问题：为什么舒淇突然变漂亮了？我知道他心目中的女神一直是紫霞仙子，就问他舒淇和朱茵比怎样。他想了想，难以置信地回答我：“差不多！”

被这个答案惊到的人不是我，而是他自己。因为在此之前，他相信紫霞仙子之美无人可及，何况是舒淇这个在他眼里“长相很奇怪”的非典型美女。

舒淇的相貌一直是件奇怪的事情。在演艺时尚圈中评价极高，也被女人们广为推崇，可是在为数不少的中国男人眼里，她甚至可以被评价为“长得难看”。

有人说过，中国男人无论到了什么年纪，喜欢的女人都只有一个类型，那就是贞子型——清汤挂面的长发，一袭白裙，清纯到空白的面孔。你不信，去问问你身边的男人，在他的记忆里，一定也有这么一个类似的身影，曾经承载过他对女性全部的美好向往。

舒淇的丰唇和雀斑所散发的浓浓女人味儿，没有一定阅历的男人是不会懂得欣赏的。实际上，在两性关系上，你说中国男人古板也好，纯真也好，他们普遍是比较晚熟的。他们对女性的定义，始终停留在“床上荡妇，床下贵妇”的层面。像舒淇这样散发出赤裸裸的性感能量的女人，是他们无法接受的。因为这挑战了他们的权威。女人可以性感，但必须是不经意之间的性感，男人看得懂，她自己不能懂。

男人爱紫霞仙子那样的女人，其实除了她的美貌之外，还有一个原因：好驾驭。紫霞仙子给人最深印象的，不是她的浓眉大眼，而是她的一往情深。那种就像小鸭子把第一眼看到的东西认定为妈妈一样一根筋的爱，大概能给许多男人吃了颗定心丸般的安全感。最大的叛逆，也不过是赌赌气嫁给别的男人，目的是刺激你去婚礼上抢亲。

然而像舒淇这样的女人，根本就不可能成为任何男人的私藏。她的容貌、姿态，当然还有她的历史，都不是为了成为“某个男人的女人”而打造的。甚至她的五官，也全都不按常理出牌，但是它们以独一无二的方式组合着，美丽着。

只有当一个男人足够老或足够成熟，也许还要经历足够多的女人后，他想要的伴侣，才会从一眼就能够看透的小白兔转向可以与他并驾齐驱的母狮子。这一方面是因为他的内心已经经过岁月的磨砺而变得足够强大，不再是色厉内荏的小男生；另一方面也是因为他的肉体已经过了蠢蠢欲动的巅峰期，他接受甚至需要一个性能量比他更加强大的女人。这样的他们，才会成为“女人味儿”而不是“女孩味儿”的拥趸。

当男人开始爱舒淇，说明他长大了。

亲爱的，别和女神死磕

这个星球上有两种女性生物：一种叫女人，一种叫女神。前一种好比你我，接地气，闹情绪，打嗝放屁。后一种呢，因人而异。对有些男人来说，是Angelababy（杨颖）；对有些男人来说，是舒淇；对有些男人来说，是他家隔壁王大爷家的小女儿。

相对于女人而言，女神这种生物更像是不食人间烟火。她们或是清纯可人，或是妩媚妖艳，无论哪一款，都有一个共同的特点，那就是没有阴暗面，从肉体到精神，都没有。她们头上没有头皮屑，脚指甲里不产黑泥垢，坐下来时整个肚子一道肉褶都没有。她们不缺钱，即使缺钱也不当回事，绝不会在坐出租车堵车的时候用眼角余光偷瞄计价器。总而言之，她们的存在，就是为了反衬我们这样的普通女人有多俗。

如果你男人心目中的女神是Angelababy或者舒淇也就罢了，如果是隔壁王大爷家的小女儿的话，嘿嘿，你就会比较郁闷了。以下这些事件都是你需要做好心理准备的。

定好的约会，他临时放你鸽子，因为女神心情不好需要人倾诉；送你一条漂亮的裙子，你惊喜之余，突然在女神的QQ空间里发现人家几年前穿过同款的；就算结了婚，你也得时刻准备着接受女神对他的召唤，以及他响应召唤时那副鬼迷心窍的样子；更有甚者，就像某论坛网站所爆料的，他会给你们的女儿取一个和女神一样的名字。

这样的情况可能会让你觉得自卑，其实大可不必。Angelababy自己就是女神，可也得面对男友黄晓明永远效忠于女神赵薇这个事实。这不，女神生日赶上导演处女作发布，男友又千里送爱心去了，又是带伤公主抱，又是爱心微博，口口声声“永远”“永恒”，诚意胜过海誓山盟。

所以，女神与年轻无关，亦与美貌无关，而只与岁月有关。那是他在自己最美好的岁月里错过的那个人。注意这里有两个关键词，一是自己，二是错过。

每一根老黄瓜，都有过用不着刷绿漆的时代。每一个猥琐的大叔，也都曾是纯洁深情的白衣少年。感动不了别人，至少感动了自己。他舍不得的，其实并不是这个女人，而是那段岁月，那份回忆。归根结底，他爱的是那时的自己。

对于男人来说，最美好的永远是没得到的。你和他面对面吃大饼卷大葱的时候，要允许他幻想自己本可以和女神坐在法式餐厅里吃鱼子酱配鹅肝。这道理就跟我们女人全体相貌中等偏上，并且婚前都拒绝过有钱小开的追求一样。从这个意义上说，如果将来有一天你离他而去，那么从你离开的那一刻起，你也就成了女神。

想明白了这些道理，亲爱的，就别和女神死磕了。道理其实他都明白着呢。你让黄晓明在如今的赵薇和Angelababy之间做选择，鬼才相信他会选赵薇呢。所以，就把这点小念想当作毛头小子人中上的那撮汗毛，他想留，就让他留着吧。

越屌丝的男人越爱玩暧昧

那天闺密给我出了个脑筋急转弯：狗为什么要舔自己的睾丸？

小日子过得太美，闲得慌？那话儿痒痒，难言之隐，一舔了之？在我来来回回地瞎猜了半天之后，闺密给了我正确答案：因为它够得着。

啥也不为，就为它够得着。这观点放到男人出轨的问题上是不是同样成立？毕竟，由睾丸素掌控的动物本能告诉男人：占有尽可能多的女人，繁衍尽可能多的后代，这是延续自己的DNA[1]最保险的方式。而且越是处于弱势地位的雄性，越需要借助这种“非常规”的方式来确保自己的基因得到遗传。虽然在文明社会里，出轨与繁衍后代没有必然联系，但是睾丸素可分辨不出戴没戴套。

---

[1] 脱氧核糖核酸，是一种分子，可组成遗传指令，带有遗传信息的DNA片段称为基因。

但是，对于有些男人，你很难判断他们的行为到底属不属于“出轨”，因为他们擅长并乐此不疲的是玩暧昧。在你的身边，有没有这样一种男人：他们的手机通讯录和QQ好友里，永远少不了几个好妹妹，或者用好听一点的话来说，是“红颜知己”；朋友们一起吃饭的时候，你得忍受他们没完没了的电话粥，因为这个世界上总有些女人心情不好，需要他们的安慰；明明已经有了老婆或未婚妻，却总在公司新来的美女前台面前扮演单身，并且永远有女同学或者女网友跟他们纠缠不清。

暧昧这东西到底有什么好玩的？其实每一段感情，都免不了这么一个眉目传情、似是而非的阶段。玩暧昧就是将这个阶段延伸到无限长，把手段变成目的。不过，就像男人和你上床不是为了前戏一样，男人玩暧昧，也不是为了和你在21世纪上演一出梁山伯与祝英台。

男人玩暧昧，说到底还是动物本能作祟。而他们选择用玩暧昧来释放睾丸素的理由可能现实得令你吃惊：安全、省钱！既不用担心对方纠缠，也不用担心破坏家庭；兴之所致就暧昧一下，兴致没了就当什么都不曾发生；鲜花钻戒名牌跑车都省了，只需奉上三寸不烂之舌，经济又环保。

从这个意义上说，越是没能力玩大的屌丝男人，越是玩暧昧的忠实拥趸，因为他们既给不起信用卡副卡或者婚书，又没有商场或战场去释放他们多余的睾丸素，他们更没有心胸去尊重每一个和他们有缘的女人，给她们一个亮亮堂堂的说法。他们的心态，在某种程度上类似于名著《项链》里要去参加舞会的女主角马蒂尔德，体面不能少，虚荣不能少，但老公的收入呢，只有那可怜的十毛八毛，于是只好打别人的东西的主意。虽然不能真的为我所有，但能换来片刻的腻乎也是好的。关键是，不用付租金嘛。

而高富帅们呢，他们不习惯委屈自己，所以肯定不会认为靠着回味白天的几趟眉目传情来打手枪[1]是一个选择。君不见前万通集团总裁王功权的私奔闹得沸沸扬扬，虽然这样做对不起原配，但起码说明他不屑于苟且。还有王石，虽然他身边那个女人因为几篇微博被公认为既三八又事儿妈，但王石就乐意给她脸，无他，爷乐意，而且给得起。

所以，如果你的身边有这么一个男人，他也许早早地送给你一顶“女神”的高帽和一套“只想远远关注，不奢望占有你”的说辞；他让你得意于招之即来，挥之即去，还不时做出深情款款状满足你的虚荣心；他在你的生活中已经存在了不少时间，却从不求更进一步，似乎拉拉小手就已经是他最大的渴求。认清现实吧，你不过是他一个不用花钱又无须维护的精神自慰器而已。

[1] 即自慰。

情趣里藏着多少过往情人

这个周末我在家收拾DVD，不收拾不知道，一收拾才发现原来我有这么多科幻DVD：整套的《骇客帝国》、精装版的《侏罗纪公园》、复古版的《回到未来》，还有无数张地球以各种匪夷所思的方式嗝屁[1]的D9、蓝光[2]……

这让我想起那年冬天的好时光。我和前男友窝在沙发上，边看科幻片边浅吻。在认识他之前，我并不是科幻迷。

上周我一男同事很过瘾地和我聊了一中午足球之后赞叹："现在难得见到你这样的女球迷！"他不知道，那是因为我前前男友是足球迷，曾经我和他最爱的游戏就是我穿着巴西队服，他穿着阿

[1] 意为"死了"，用法与"翘辫子"类似。

[2] D9和蓝光是不同的DVD类型。D9一般指标清的DVD，而蓝光是高清的DVD，其画质最接近原始的拍摄画面。

根廷队服，看谁先把对方的衣服撕破……

同样，前男友从我家搬走的时候，已经是和搬进来时截然不同的人了。他穿CK内裤再也不会故意露出边了；他知道在黄昏时给女友做一份银耳百合汤或者酸奶拌草莓；他懂得《小妇人》里的乔拒绝“我的男孩”时的百般滋味。他还知道，只要女人让你进了门，别管她怎么说“不”，将她压在墙上，吻她。我觉得现在的他对于女人来说，比起之前要危险得多。

而一切的一切都是因为，我从他那里毕业了，他也从我这里毕业了。爱逝去了，留下的是香气、音乐、电影、足球和美食的情趣，这些情趣在无形中成了我们自身的一部分。而下一个他或者她，爱上的，正是更加复杂的我们。很多人，尤其是初涉情场的人，常常会被这样的小情趣吸引。但是熟男熟女就不一样了，他们很清楚，这些情趣之中，藏的都是过往情人的影子。

我有一个男闺密，早在三十岁之前就卖掉公司，实现了财务自由，目前以旅游为人生目标。在旅途中他遇到过无数精彩的女子，有的爱在卡布奇诺里掺朗姆；有的爱去乡下闻刚收割过的麦子的味道；有的在每一年固定的月份一定要去一趟越南。最后他带回来的爱人，是一个透明到几乎空白、单纯到几乎乏味的女孩。

我的男闺密私下里得意扬扬地对我说：“没关系，我喜欢的一切都会教给她的。没情趣，说明没旧情人。”这厮算绝了。

逐热的被冻死，逐光的多遇黑

张爱玲说，爱是热，被爱是光。我一直在想这句话的意思。

热是消耗自己，却可能毫不惹人注意；光是耀眼迷人，但有些光是冷的，毫无热度。联想到张爱玲的作品，最好的例子可能是《沉香屑·第一炉香》，薇龙飞蛾扑火般地爱上乔琪，最终落得一个高级妓女养龟公的下场。《倾城之恋》里的白流苏则要幸运得多，辗转流离，工于心计，当她确定要握住爱情时，光与热终于统一为温暖，她于是成了充满安全感的庸常妇人。

但其实张爱玲的爱情示范是于追爱者无益的，因为她自己是爱情上彻彻底底的失败者。不知道为什么还有那么多的人将她的爱情警句口口相传。可能爱情即使失败，也终究是美的，特别是当这种失败属于别人时。但是，为了成为自己的幸福，而不是别人的故事，宁可你打呼我打嗝抢夺被子，也不要暗夜里“一个美丽而苍凉的手势”。

在爱情中，确实有许多人是逐光的。在爱的人眼中，被爱的人仿佛镀上了一层妙不可言的光芒。而且愈是得不到，这光芒就愈加耀眼。对张爱玲来说，这光芒当然是胡兰成。他对她那颗天才而孤单的心来说，意味着光，意味着暖，意味着扫除一切黑暗角落的力量。于是“见了他，她变得很低很低，低到尘埃里。但她心里是欢喜的，从尘埃里开出花来”。

在爱情中逐热的也为数不少。女作家萧红就是这样。萧红一生爱过四个男人，无一例外地对她欺骗、背叛、离弃。但萧红就像个极度怕冷的孩子，迫不及待地将自己从一个男人的手中交到另一个男人的手中，贪恋那一点点的温暖，哪怕它是虚幻而短暂的。

张爱玲逐的是光，萧红逐的是热，但其实她们的本质是一样的，都是将自己所缺少的投射到别人身上，寻求一种心灵上的寄生。这是一种精神上的软弱者的行径。张爱玲与萧红这两个本不该是软弱者的女人，除了同样拥有细腻敏感、才华横溢的内心之外，共同的特点就是因为成长过程中的极度缺爱而产生的不安全感让她们终其一生将自己放在蒲草而非磐石的位置上，无论在事业上达到怎样的高度，对她们来说，终极的渴望都是依附。

爱情是不公平的，但它也是公平的。帝王将相也好，才女大款也罢，爱情中的强弱地位并不以这些因素划分，而是根据一条简单的原则：谁是依附者。这个依附，可以是物质上的，也可以是精神上的，可以是显性的，也可以是隐形的。

我有一个女性好友，当全职主妇多年。她老公是500强企业中国区的高管，能力很强，相貌英俊。反观我的好友，因为性情开朗随和，没有刻意去减肥和保养，走出去反而显得比年长的老公还要大几岁。但是，熟悉他们的人都知道，在他们家里，谁才是真正的依附者，谁才是真正的热源与光源。也因此，她从来用不着去担心什么狐狸精或小三儿的问题，因为她老公在全世界面前都是个强者，唯有在她的面前是一个软弱者。

类似的情侣还有网坛一姐李娜。她技艺超群，性格强势，看似家里的顶梁柱，还曾经公然对着看台上的老公姜山喊出“滚出去”，但实际上，夫妻之间的依附关系并不像表面上看起来那样简单，在李娜和姜山的关系里，后者才是那个精神上的统治者，只是这种统治是以包容和支持的形式体现出来的。

但是别忘了，长久的单方面的依附是不存在的。在爱的国度里，逐热的被冻死，逐光的多遇黑。这不是悲观，而是人性。归根结底，爱情是对自己的修炼和圆满。他会爱上什么样的你，其实是他此时此刻的人生渴望的一个投射。所以软弱者渴望光与热，卑贱者渴望高贵，庸俗者渴望清新，矮丑穷渴望南瓜马车。今天他渴望温柔，便享受你的依附；明日他可能渴望自由，便会向往更加强有力的爱人。

所以，真正的爱情，应该是分享，而不是索取。是你在遇见他之前，已经有足够完整的自己，你们是两个完全独立的个体，谁也不是谁的肋骨；是你强大到成为自己的光源与热源，才能心平气和地等待棋逢对手的爱人；是一张人间至珍至贵的邀请函，收到它的那个人，才有资格进入你的心以及你美妙无比的世界，而从此以后，他以出现在你的日程表上为荣。

从这个意义上说，爱情永远只能是锦上添花。不要去幻想雪中送炭的爱情，如果你不在遇见爱情之前成长，就要在遇见爱情之后补上这一课，以成倍的眼泪为代价。我听过太多的女孩和女人，当然也有男孩和男人对爱情失望的故事，其实我想说的是，你赋予爱情太多无关的责任，它才会在不堪重负时还你以颜色。

太阳对于地球，那不叫爱情，叫施惠。月亮对于太阳，那不叫爱情，叫追随。真正的爱情，只存在于两个完全平等的星系之间。不需要你，这就是我爱你最纯净、最永恒的方式。时代让优秀如张爱玲和萧红的女人都不能成为自己的光源与热源，但这并不妨碍今天的我们成为爱情中的恒星。

来吧，亲爱的，来看看我的世界。这将是我们所能说出的，也是所能听到的，最动人的情话。

不嫁给他你想嫁给谁啊

那天在酒吧，损友猴子对我说，他发明了一种有钱人统计法。听到“钱”字，我的注意力立刻集中了，连忙问他是怎么个统计法。猴子诡异地笑着说：有钱人的总数等于已婚妇女的总数除以三。

“就这么简单？”
“就这么简单。”

猴子正要开口解释，旁边一桌的妇女吸引了我们的注意力，她正对着同伴愤愤地大声说：“我当初嫁给他，真是瞎了眼！早知道还不如嫁给那个追我的有钱人！”我和猴子心照不宣地对视一眼，突然同时哈哈大笑。

如果每个已婚妇女在婚前都被有钱人追求过，假设每个有钱人得追求三个女人才能最终娶得一个，那么有钱人的总数就是已婚妇女的总数除以三！

我觉得猴子这家伙也太损了。可是当我回到家打开电脑，上了一个著名论坛，发现满眼都是标题为“我真后悔嫁给他”或者“我该不该嫁给他”的帖子。

这年头也不知怎么了，就没有一个女人觉得自己嫁得不亏。说来也怪，所有的女人往婚前的记忆追溯，都能找到一两个痴情的大款或小开，还都被她鬼迷心窍地放弃了。于是乎，这叫一个意难平啊，回家向老公清算，出门找闺密诉苦。

各位亲爱的已婚妇女，请容我犀利地问一句：你不嫁给他，你想嫁给谁啊？

这些个传说中的大款和小开也忒痴情了一点，忒苦命了一点，重点是，也忒多了一点。知道，知道，你从前长得其实也不是特别漂亮，就是特招人。中等偏上，是不是？咱的长相都是中等偏上，大款和小开偏爱咱这一型的，不心碎个三五回都不爱去追梁洛施那样的！

其实，这结婚嫁人哪，就像进典当行——估过价了，就是估过价了。你要是觉得亏了，那你赶紧赎出来嘛！你别估价的时候一声不吭，没准儿心里还偷着乐，等钱都花完了，你成天牢骚满腹，满嘴都是“当初隔壁当铺给了我两倍的价钱，我都没去”。你干吗不去啊？

其实我以前也爱说这种话。后来有一天我无意之中逛了逛婚介网，随意搜了一下按照我老公的条件能找着的速配——还真的和我挺像，就是比我小五岁。当然，这个结果我没告诉他。

所以说，在这个剩女当道的时代，咱得了便宜就不要卖乖了，行不？

男人只会变老不会成熟

男人是种神奇的生物，他们只会变老不会成熟。

男人的内心永远是个孩子，就算他七老八十，就算他是政客商贾，在内心深处，他永远都是那个和小伙伴一起玩弹珠游戏的孩子。这个世界对于他来说只是一个更大的操场，上面有许多等着他征服的孔洞和等着他打败的小伙伴，让他又敬又怕的从老师变成了工作，催着他回家的从老妈变成了老婆。娶妻生子等于一珠入洞，搞定竞争对手等于一珠入洞，谈成一笔生意等于一珠入洞，他想听到的，永远是那句“你赢了”。

一生当中，男人的成熟度超过同龄女人的只有短短数年，那就是性萌动的那几年。唯有那几年，是男人一往无前地领着女人走。除此之外，都是女人推着男人走，或者暗暗地支撑着男人走，或者守着他的书包家什，等着他满身臭汗地从操场上打弹珠回来。

女人是自觉自愿地跟着岁月走的。不需要任何人教她，她到了一定的时候，就会自动转变成她应该成为的那个角色。一个五谷不分的少女突然间学会了做饭、洗衣、收纳四季衣物，因为她成了妻子；一个酷女郎突然连听到小狗哀鸣都会红了眼眶，因为她成了母亲；《飘》里的千金大小姐郝思嘉一夜之间无师自通地学会了在地里收棉花，无他，只因为她必须。

女人是没有底线的，为了她所爱和在乎的人，任何有关他们的负荷，她都会默默地扔到自己的背囊中。绝大多数的女人都天生是母亲，是温暖和力量的源泉。

而男人，我有的时候真怀疑他们看到的世界和我们看到的是不是同一个。几天前的晚上，当我用了二十分钟、一个Excel表格和一个PPT向男人阐述我们家极不合理的消费习惯以及未来的改进方案的时候，只得到他一连串的“好好好”“对对对”。这样的反应一开始还差强人意，直到我发现他其实是在利用茶几的掩护打飞机——别误会，打飞机是他手机上的一个群游戏。这个群里有老少十几个爷们儿，每天为了排行榜争得面红耳赤。这些爷们儿上至四十出头，下至二十出头，大部分都拖家带口。个别的为了不让孩子打扰自己打飞机，让他们坐在旁边玩iPad!

有的时候我还真羡慕男人，一切对于他们来说是如此简单——没有睾丸素的时候交给天真，有了睾丸素以后就交给睾丸素。真的，男人就是如此简单，如果有一天某个男人让你觉得复杂，复杂的也不是他，而是爱情，或者说是爱情中的你自己。因为女人的心思太复杂，你又因为爱情而智商为零，所以你自己把自己搞糊涂了。

对于男人来说，想要的永远只有两条：一，我要玩；二，最好我还能玩赢。把握了这两条，其实驯服一个男人也挺简单的。我见过的最隽永的御夫术是这样的：Angel0a（安吉拉）的男人总是把工作中的情绪垃圾带回家里，对此，Angela的处理方式是，不当面和他争吵，而是用刷爆信用卡来处理他转移给自己的情绪垃圾，同时，高频率地在家中播放不良情绪导致癌症高发的纪录片。

几个月以后，不知道是惨痛的信用卡账单，还是惨痛的纪录片案例的效果，反正她的男人再也不在家随便发脾气了。

这让我想起了前几天看过的一本育儿经：面对爱发脾气的孩子，你要帮助他明白发脾气不能解决问题，同时让他知道你的规矩在哪里。

Chapter 4

每个女人的内心都住着一个女汉子

女人的强，强在韧。男人都是外强中干的孩子，他们轰然倒下了，女人才刚刚开始。从人生来说，前半程也许是男人领着女人，后半程却是女人照顾着男人。几乎所有的女人都是天生的母亲，最后用百折不挠的母爱支撑她的家、她的孩子和她的男人。

为 什 么 我 们 成 了 女 汉 子

这个世界到处充塞着女汉子，同事是女汉子，朋友是女汉子，大美女范冰冰是女汉子，就连火爆的亲子节目里，可爱的森碟宝宝也是女汉子。

还有没有女人不是女汉子？估计不多。随处可见的是雷厉风行的御姐和她们轻言细语的男朋友。上个周末我看见一个妈妈一手拎包，一手将她的宝宝连人带婴儿车扛上台阶，而看似孩子爸爸的人片刻不离地盯着手机。在论坛上，有人发帖问“如果老公想辞职回家，你会怎么样”，下面一片的回答是“打理好家务就行，我嫁得起，就养得起”。

这还只是皮毛。女汉子的真正精髓不在于干点体力活儿或找份好工作，而在于从内心深处真正地告别以找到一个男人来依靠作为终极目标的人生。其实每个女人的内心都住着一个女汉子，为什么如今她们纷纷苏醒了？因为，她们无人可依了。

男人们把这个世界搞砸了。他们搞垮了华尔街，制造了通货膨胀，吹大了房地产泡沫。他们买得起房的要么三高[1]了，要么抑郁了；买不起房的要么成了愤青，要么成了变态杀人狂，搞得我们的孩子连上个幼儿园都不得安生。

自从他们意识到自己把世界搞砸了之后，他们学乖了。他们不再动不动就把“温柔贤淑”挂在嘴边，转而期待我们女人用自己的力量拉他们一把。你能想象我那事业有成的发小儿在某著名婚恋网站上发布信息之后，有多少弟弟前来应征吗？他们中有些人与我那位发小的年龄差已经超出了姐弟恋的范围，快要进入忘年恋的范畴了。他们挂在嘴上的都是同一句话：“年龄不是问题。”

是的，年龄不是问题，少奋斗十年才是问题。男人们开始赤裸裸地表达出依靠女人的意愿，女人们就顺理成章地成了女汉子。社会与媒体一拥而上，开始全力打造一种新的审美观和价值观，与他们从前提倡“温柔贤淑”一样，现在他们提倡的是狮一样的气场、豹一样的速度、牛一样的体力，同时你还得养眼。最好就像演员刘涛那样，我负责美丽妖艳，我也负责努力赚钱。

怎么看怎么像个阴谋。

其实我真的是一个被动的女权主义者。按照我本来的三观，我会

[1] 即高血脂、高血压、高血糖。

觉得做女汉子根本是一件没有必要的事情。女人就是女人，男人就是男人，故意按照男人的标准渲染女人，这才是一件彻底两性错乱的事情。但是我发现，女汉子已经成了不可逆转的历史潮流，女人们都以自己能被当作汉子使而沾沾自喜，并且一点也没有放弃对自己其他方面的苛求。

而男人们呢，他们气定神闲地坐拥新时代的到来，享受着事业心爆棚的女汉子们打拼的成果，想发胖就发胖，想下垂就下垂，秃顶、鼻毛、啤酒肚、黄褐牙随便长，偶尔用一下大宝就“嘿，还真对得起咱这张脸”。他们虽然放弃了“男主外”，和女汉子们在事业上平分秋色，但并不打算放弃“女主内”，女汉子们叱咤职场之余，还得扮演好贤妻良母的角色。算来算去，男人们除了操纵媒体制造出一个流行词之外，什么也没做。而女人们除了“女汉子”的名头外，得到的只有能者多劳。

我们以自己是女汉子为荣，到底是翻身了，还是中计了？

你若不勇敢，谁替你坚强

女人是最神奇的生物。

男人的强，强在表面，强在起初，但都有一个限度。超过这个限度，男人就像一座山轰然倒塌。女人的强，大多是逼出来的。因为人类世世代代的教育定式，女人在开始时难免把找一个男人为依靠作为人生目标。很多女人明明有成为母狮子的潜质，却乖乖地生活在小绵羊男人的荫庇之下。

女人内心的这头母狮子要到什么时候才会被放出来呢？要到她接受了男人靠不住这个事实以后。这样的例子不胜枚举。例如阿汤哥的前前妻、好莱坞影星妮可·基德曼，在和汤姆·克鲁斯离婚之前，她是依偎在他身边巧笑倩兮的小女人，在和汤姆·克鲁斯离婚之后，她是奥斯卡影后，好莱坞权势排行榜上位居第一的女性。如果不是对方出轨，她可能现在还在家里相夫教子。

类似的例子还有阿汤哥的前妻凯蒂·赫尔姆斯（为什么总是阿汤哥?好莱坞真应该给他颁一个“母狮子激活奖”）。她站起来，是为了孩子。因为阿汤哥要让他们的女儿苏瑞加入自己崇信的科学教，她毅然反抗这个自己一直遵从的男人，与他离婚，独自抚养女儿。

有一位一直让我刮目相看的演艺圈美女，她是杨采妮。20世纪80年代初出生的人，应该都记得她风头无两的美貌，她却在全盛时期退出了演艺圈，是真正的全盛时期，二十三岁。起因还是男人——她相信男朋友的才华，相信靠他做生意会给自己带来更好的生活，哪怕本钱是自己出的。然后她回来了，在三十岁的时候。人世间最心酸的四个字莫过于“复出拍戏”。无论说这四个字的人编出了多么圆满的故事，火眼金睛的人民群众都能够一眼看到事情的本质：她缺钱了。何况是像杨采妮这样的，她衰老得比同龄人都早，带着一脸强打精神的笑，还同时宣布和那个为他退出演艺圈的男友分手了。

我得承认，那个时候我把杨采妮看死了。美人迟暮了，男人靠错了，这个故事基本可以结束了。可我随即发现，我错了。她的故事才刚刚开始。当她的名字在处女作《圣诞玫瑰》中不仅出现在“导演”而且出现在“编剧”一栏时，当她拿出自己在伦敦进修的法律知识为我们奉上亚洲为数不多的法律题材电影时，我们明白了，对于这样的女人，单纯地在她的名字前面贴上一个“美女”的标签，是对她的一种侮辱。虽然最后她和那个男友复合了，但所有的人都知道，那是她的选择，不是她的依靠。

女人的强，强在韧。男人都是外强中干的孩子，他们轰然倒下了，女人才刚刚开始。从人生来说，前半程也许是男人领着女人，后半程却是女人照顾着男人。几乎所有的女人都是天生的母亲，最后用百折不挠的母爱支撑她的家、她的孩子和她的男人。但女人总是要到男人弃权之后，才开始接手，或者说，要到无人可依的那一天，才释放出内心的那头狮子。

最勇敢的是我的一个朋友，她大学毕业后很快就结婚了，生了两个孩子以后辞职在家当全职太太。忙碌而幸福的中产生活在三十五岁这一年被一个突如其来的坏消息打断了——她的老公病了。紧张的住院治疗之后，她得到的是一个再也不能劳累、烦神的男人，当然还有两个在私立学校上学的孩子。

他们的积蓄还够支撑两年，她用这两年的时间一边照顾老公和孩子，一边读了MBA，然后拿到了一家不错的公司的offer[1]，和比自己小了快十岁的人竞争，到了四十岁这一年，她升到了部门经理的位置。

我眼见这五年来，她一年一个模样地改变，从一开始的满脸忧思，到后来的强颜欢笑，再到今天一身标准的OL[2]装扮，神采飞扬，自信果断，看不出任何阴霾。她的老公因为她支撑起了家里的经济，得以在家开始自己一直梦想的微平台创业计划，她的孩

[1] 即入职通知书。

[2] 即Office Lady，白领丽人。

子成绩优异，性格阳光，完全没有因为家庭变故而增加一丝一毫的不安全感。我想，十年前的她一定想不到十年后的自己是这般模样。一个猝不及防的变故，却让她的人生转了个弯，让她遇上了不一样的风景。

我忍不住赞她勇敢，她喝尽杯中红酒，看着我平静地说：“因为没有人可以替我坚强。”

别对自己手软

闺密对我说，要想在这个被男人操控的世界里获胜，就要学会像男人一样思考。

女人很容易自我怜惜，用一半的时间打拼，用另一半的时间总结回味，如果受伤了就不得了，要用加倍的时间自怜自伤。而在这个时候，男人早又上路了。李嘉诚如今富可敌国，当初却是一个贫苦少年。丧父、得肺病、一文不名，还要养一大家子人……当一个人在十五岁的时候经历了这一切而没有被打垮，那他就没有什么不能承受了。

男人面对世界和自己时的那股子狠劲儿，真值得我们女人好好学学。女人，且不说能不能的问题，首先在意愿上就往往排斥这股子狠劲儿。在小说《飘》里，桀骜不驯的女主角郝思嘉被长辈告诫："女人的心里必须有所畏惧，一旦她什么都不怕了，她就不是个女人了。"于是世世代代，女人被有意无意地培养成了温室里的花朵，避免直面这个世界图穷匕见的那一面。我猜这其实是男人的阴谋，因为一旦女人被撤去了心灵的桎梏而狠起来，那将是男人望尘莫及的。比如武则天和伊丽莎白女王，她们都是看穿了事情真相的女人，而邓文迪和章子怡是接近事情真相的女人，她们都是很多男人不欢迎的。

很多女人会说："干吗要对自己狠？不如活得轻松一点。"这话不假，可是除了天生的白富美，有几个人能真的一跤跌到蜜罐里，还能保证永远不用出来？与其有朝一日被踢出来，不如未雨绸缪，提前练习一点生存技能。

一个好消息是，以我的经验来说，那些终于舍得"对自己狠"的女人，结果往往是被自己的实力吓着了。最典型的是我的闺密小珊。2005年的某个深夜，她还哭哭啼啼地坐在我的车后面，身边是刚刚从劈腿的未婚夫那里搬出来的行李。然而几个月之前，她完成了全杭州所有创业者的梦想——把公司卖给马云。在我问她有什么想在我的新书里说的时候，她一边打量自己终于有空捯饬漂亮的指甲，一边说出了本文开头的那句话。

以我对她的了解，我当然知道这句轻描淡写的话背后蕴藏的艰辛。我曾经在周末的下午接到小珊的电话，当时她正在一整夜的会议之后开车赴合作伙伴之约的高速路上，她让我不停地跟她说话以免她睡着。我想出来的最让她提神的话题，是最新款的抗疲劳、抗衰老的精华面霜。在我们聊了一小时、比较了不下十种品牌的明星产品之后，她用冷静的声音对我说：“亲爱的，我到了。挂了，现在我是男人了。”

这是我知道的。我相信还有许多我不知道的时刻，都在小珊如今没事就懒洋洋、一凝神就精光四射的眼睛里。就像李嘉诚一样，她经历了这一切而没有被打垮，对她来说就没有什么是不能承受的了。也像郝思嘉一样，她从此无所畏惧，也就在某些人的心里失去了“女人的本质”，但也同时成了一个真正的、更为强大的女人。

别对自己手软，你知道这是为什么吗？
因为生活和他都不会对你手软。

当女神，还是当女妖

从前我以为这个星球上的女性生物只包括女神和女人两种，最近我才意识到还存在第三种，那就是女妖。

让我意识到这件事的，是一个叫作张馨予的女人。这个女人真的是永远不按牌理出牌，她不仅出人意料地搞定了好男人李晨，还出人意料地甩掉了他，然后又出人意料地坦坦荡荡地说出分手的原因："你是好男人，我是坏女人。"套用星爷电影里的一句话："真是猜不透你啊！"

妖到这个份儿上，真的有那么一点"牛鬼蛇神倒比正人君子更可爱"的味道。况且，这个"坏女人"，说到底不过是想多谈几场恋爱，既没见她勾引有妇之夫，也没见她挥霍不义之财。

男神往往被女妖俘获了，这事说奇怪也不奇怪。女神虽美，但大多是没有功能性的。女妖则不然。所谓"妖"，自然是通过迷惑人的感官，让人沉溺，欲罢不能，丧失理智。这个感官，倒不一定限于肉体感官，也可能是精神感官，不然查尔斯王子也不会为了“老帮菜”卡米拉抛弃“小鲜肉”戴安娜了。

我曾经有位女友，从中学时期开始就是公认的校花、无数男生心目中的女神，后来她嫁给了众多追求者中最执着的一个。婚后的很多年里，他们看起来都很幸福，只除了一个问题——我的女友私下告诉我，她是性冷淡。

这个消息听起来真是暴殄天物，特别是从罩杯34C、23寸小蛮腰的她的嘴里说出来，但她本人倒是不在乎，据她说她老公也不在乎。是的，当有着魔鬼身材的女神躺在身下，是否纯粹的视觉刺激就胜过一切互动了？事实证明不是。在他们结婚的第七个年头，女友的老公出轨了，对方是个方方面面都不如她但能让她老公“感觉自己是个男人”的人。消息传来，女友的第一反应当然是愤怒至极，立刻提出离婚。

我也以为她这一次离定了。这种被背叛的痛苦在她身上应该是加倍的，因为老公是当年山盟海誓的裙下不贰之臣。谁知道再一次见到女友的时候，她不仅没有离婚，反而和老公更加恩爱了。她微笑着告诉我，她和老公做了彻底的沟通，老公和第三者也彻底断了关系，现在他们一切都好，包括性生活。她的性冷淡不治而愈。

其实之前她的性冷淡在很大程度上是出于她的自恋——她太过关注自己的美丽和保养，竟然连性爱都显得多余。而现在，当她把心态放松、把自己放低，他们才以完全平等的姿态达到琴瑟相和。总而言之，她从女神变成了女妖。

我看着她，恍然觉得她是有些不一样了。之前的她就像陈列在玻璃后面的宝剑展品，如今却有一种利剑出鞘的感觉。我想，她这一番脱胎换骨，倒未必意在锁定这个男人，但从前她的视线中只有自己美丽的胴体，从此以后却将包含天地万物，足以扰乱众生。

所以说，女神这种生物是不食人间烟火的，女人这种生物是接地气的，而女妖这种生物更要入地三分，洞察世情。这种妖力，半是靠天生，半是靠修炼。但别以为这种修炼只是抛抛媚眼、扭扭腰身那般容易，那只是不入流的小妖，真正有道行的女妖，其实勘破的是这个道理：恋者自恋，男人总是越付出越舍不得放手，因为其实他最爱的，是爱着你的他自己。勘破了这一点，你即便足踏莲花座，手捧甘露瓶，在内心深处也是个捏他七寸的妖精。

姑娘们，妖起来吧！

即使狼狈，也别让自己后悔

活到三十出头，大家都在情场里翻过几个跟头，除了她。

她是我们之中最美的，自少女时代起就追求者无数，却到现在还单着。朋友们对她的态度，从二十多岁时的殷切探寻，到近三十岁时的热心帮忙，到了今天，只剩下讳莫如深的小心翼翼，因为怕问多了她不高兴。

她长得漂亮，活得也漂亮，有车有房有稳定的工作，每年固定安排一两次旅行，闲来在私人工作坊学画油画，从头到脚无可挑剔，连手指甲上都是含蓄的水钻。和她一比，我自己只有一个词可以形容：狼狈。

当然我这样说并不意味着我羡慕她的生活。每个人的生活都是自己的选择，羡慕别人是用别人拥有的来惩罚自己没有的。只是我一直以为，她的生活，也是主动选择的结果。我猜她曾经历过刻骨铭心的爱情，但不知为什么失去了，才蹉跎至今。像这样的美女，怎么会缺少爱情?

她第一次让我吃惊，是在大家喝了点酒玩真心话大冒险的时候。她抽中了真心话，提问的人要她说出自己恋爱的次数，大家都兴致勃勃地等着美女的答案。结果，她沉吟半晌，慢慢地回答：“没有。”

什么?没有是什么意思?大家不相信，硬要她遵守游戏规则。她这回不再踌躇，斩钉截铁地说：“我没有爱过，从来没有爱上过什么人。”气氛一下子有点冷。大家对这样的答案不知道怎么应对，又感觉有点苍凉，还好一个善于调节气氛的朋友把话题岔开了。

她第二次让我吃惊，是不久之后的另一次聚会。那天我没开车，她主动提出送我回家。也许是因为车厢狭小的空间陡然拉近了我们的距离，也许是因为我们毕竟相识十多年，虽然谈不上交心，但她知道我是一名还算嘴紧的文艺女青年，她突然对我谈起了她的感情经历。

她真的从未爱过，只有几次疑似在爱。一次是在大学时候，她和同班的一个男生彼此颇有好感，但是在寝室的卧谈会上听说另一个室友也在和那个男生暗通款曲，她不知真假就急急退出；一次是在大学毕业后，她被一个高富帅追求，她担心门不当户不对的婚姻有高攀之嫌，不能扬眉吐气地做人，毅然拒绝了对方；还有一次是在前两年，这次是她最惋惜的一次，因为对方从外形到个性她都非常中意，但出身农门，她看多了电视剧，怕极了这一辈子和数不清的亲戚打交道，怀着遗憾疏远了对方。

她对我说：“你知道吗，我这个人，最怕的事情就是狼狈。分手的时候，我最怕纠缠；辞职的时候，我怕牵扯不清；破财和姿态难看之间，我永远选择前者；我甚至从未在公共场合吃过有骨头或有壳的东西，怕吃相狼狈；我还想过，如果以后我怀孕了，一定要剖腹产，因为我无法想象自己在陌生人面前大呼小叫。”

听完她的话，我有点难过。不为她的单身，而为她语气里无意隐藏的遗憾。一个人的选择是不是好的，跟别人怎么说怎么想一点关系都没有，而只在于你自己是否感到遗憾。

因为学过几年心理学，我习惯性地想起了她的成长环境与这一切的关系。意外的是，我记忆中她的母亲，并不是一个和她一样用生命追求优雅、抵御狼狈的女人，而恰恰是另一个极端。我还记得，在我们共同读过的中学里，她往往是衣服最不合身、脱线了也不及时缝补的一个，而她的母亲，在偶尔出现的片刻里也是大呼小叫，让她尴尬地涨红了脸。

答案昭然若揭。许多人穷尽一生补偿自己在成长过程中所缺失的，或是用尽全力不让自己像那个自己既爱又恨的人。只是，对她来说，这样的努力太过极端，竟然耽误了自己的幸福。就像我

们经常在聚会的时候自嘲的，谁的青春不曾二？谁年轻的时候没爱过个把人渣？如果太过爱惜自己的羽毛，换来的也就只有一身的华丽和与无数个美丽花园擦身而过的记忆。

美丽而矜持的你，别总是隔着距离观察生活，人生短短数十年，即使狼狈，也别让自己后悔。

孤独的路上，没有尽头

在这个熙熙攘攘的星球上，我们假装是同一种生物生活在一起。但其实每一个人都来自不同的母星。例如我的朋友朱朱，她来自耳朵星。他们星球的特点，是通过耳朵了解他人。关于这一点，朱朱有一套完整的理论：耳朵的形状象征着一个人的性格，耳朵的大小象征着一个人的原生力，耳朵的位置象征着一个人是否聪明，而最重要的一点是，耳垂越柔软，象征着一个人的心肠也越柔软。

于是你经常会看到这样一幅奇观：朱朱和朋友打招呼的方式，不是扑上去和别人拥抱握手，而是冲上去捏住别人的耳垂一通搓揉，遇到手感好的，还要惊呼："好好摸！好好摸！"在上菜之余、告别之际，还会央求别人再让她摸上几下。还好我的耳垂手感一般，不过也习惯了在被朱朱细细捏上几下之后警告："你老了！"

不知道是不是因为耳垂的原因，朱朱后来爱上了老林。老林到底是不是我们圈子里的人这个问题，需要两说。他这个人的诡异之处在于，总会定期消失，行踪不详。再次出现的时候，老林总是面带慈祥的微笑，面对百般的调侃臆测，如同入定的高僧，不解释、不劝告，一杯杯地喝冰啤酒。大概两瓶下去之后，老林细白的面孔会有点油汗，格子衬衫袖口被挽到手肘处。

老林是个好看的男人。

朱朱是在哪一天发现了老林有全地球最柔软的耳垂这件事已经不可考，反正从发现这个事实的那一天起，她离不开老林的耳垂，当然也就离不开老林了。我们本来担心这件事有点难办，因为老林这个人的身上透着那么一股子没法儿劝的感觉。谁知道他和朱朱，谁也用不着劝。再一次聚会的时候，他们共计占了一个半椅子，整顿饭的工夫，任凭我们如何侮辱谩骂，朱朱的手没有离开过老林的耳垂，而老林的手也没有离开过朱朱的腰臀之间。

后来朱朱和老林又不间断地闹了几出：朱朱想旅游老林不想旅游，老林想结婚朱朱不想结婚，当众分手，又厚颜无耻地私下和好，如是三番在我们彻底对他们丧失兴趣之后，终于得到他们的正式通知："林×先生、朱××女士将于本月×日×时于××酒店喜结连理，恭候您的光临。"

我们连怎么闹洞房都设计好了，却被一个电话通知：朱朱和老林，不结了。电话是朱朱妹妹打来的，这一次朱朱和老林集体失踪。当然江湖上从来藏不住消息，有关朱朱和老林取消婚约的真相，在最短的时间内流传了开来。

话说在一个无所事事的周末，朱朱被加班的老林丢在家里，百无聊赖之下在论坛上看了一个怎样用身份证号码查老公开房记录的帖子，出于准新娘宁可错杀一千、不可放过一个的严谨风格，朱朱如法查阅了老林的开房记录。

结果令人大吃一惊。老林，这个从来只有我们女同学调戏他，没有他调戏女同学，被封为地球上最后一个好男人的男人，保持着每月一到两次的频率，在本市某著名连锁酒店开房过夜。这些夜晚都是他对朱朱说去邻市出差的夜晚，而他开房的地方距他和朱朱同居的小屋不超过十站地铁。

世事真是难料。说实在的，我一直隐隐觉得老林有什么不可告人的秘密，但我没想到居然藏在这里。事到如今，唯一的问题是这些个夜晚到底是情感型的，还是交易型的，但朱朱反问："有必要知道吗？他在距离我们婚宴不到一个星期的时候还开过一次房！"

是有点过了。就算是对爱情、对婚姻再渴望的人，恐怕也下不去手。我放弃了找老林谈谈的想法，他从朱朱妹妹的那个电话开始，就再没有在我们的圈子里出现过。

朱朱休息了一段时间又再战江湖，妖艳爽利依旧。唯一的区别是，她不再摸人的耳朵了。有不知道这一段故事的友人主动亮出耳朵求抚摩，朱朱笑着躲开，神情里有一点藏不住的仓皇憔悴。

本来老林和朱朱的故事也就这样过去了，如果不是一个偶然的事件翻开了一个新篇章，不，是改写了这个让人有些失望的结尾。

那天微信朋友圈炸开了。我打开手机一看，显示三百多条记录，我还以为自己的手机坏了。结果是老林。他被捉现场了。一个朋友的老公是公安，接到举报说某酒店正在发生集体卖淫嫖娼行为，拉队火速赶至，一溜儿十来扇房门全部敲开，其中的一扇房门里面就是老林。据说，老林来开门的时候穿着浴袍，一副很经典的资深嫖客模样，被一脚踹开倒在门边，三四个精壮公安一拥而入，同时要找床上的女人。结果，床上没有人。屋里没有人。准确地说，只有老林一个人。

可能是为了掩饰尴尬，公安硬是把老林也带回警局做了笔录。老林的真实故事就这么曝光了：他每月都会有一两次，背着家人、朋友、同事以及已经被搞砸了的未婚妻，来酒店开个房间，就是为了一个人待待。

我们知道这个故事后的第一反应是目瞪口呆，接下来的感觉是原来如此，然后又觉得好可惜。想来老林在警局里不会撒谎，那么朱朱的的确确误会了他，一对佳偶就为了一个误会分手了。朱朱偏偏不在这个群里。我想，总得有人告诉她，而且越早越好。我以为这个人会是我，结果我找到朱朱的时候，她表示早就知道了。

“嗯？”我说。

“嗯。”朱朱说。

“不干点啥？”

“干啥？”

“把他找回来。”

“不找了。”朱朱一边收衣服，一边吁了口气，“累了。”

我沉默了一会儿，想跟上朱朱的节奏。然后我问：“你原谅他了吗？”“不，我更恨他了。”朱朱平静地说，“我宁可他去找情人，至少那是一个很好的分手理由。而现在这样，我更恨他。”

朱朱把叠好的衣服放进衣橱，突然背对着我笑起来，笑了一会儿之后说：“你知道吗，从前我一定要摸着他的耳朵才能睡着。我们决定分手的那天晚上，我最后一次摸他的耳朵，突然发现其实他的耳垂一点也不柔软。我知道，是我的心变硬了。我从前不知道自己的心可以变得这么硬，是他让我知道了。”

这以后，老林又开始不定期地在圈子里出现。我看得出来，他有点盼望见到朱朱。但不知怎么的，朱朱像是安了雷达，总是能成功地和他错开。有一次，在洗手间门口，老林终于忍不住问我：“朱朱……一会儿会来吗？”

我说：“不知道。”然后问：“老林啊，你怎么回事？有什么事不能沟通吗？”老林苦涩地笑了笑。我又问：“你就打算这样被冤死？”

老林说："我也不知道，我其实没什么打算。唉，我这个人，有时就想一个人待着，待到老，待到死。后来朱朱来了，我又想和她一起待着。但不管怎么样，都觉得遗憾。一个人待着也遗憾，两个人一起也遗憾。唉，不知道，说不清。"然后我突然明白了，老林根本不是被冤死的，他一点也不冤，因为到底要不要挽留，他压根儿还没有想好。

老林问我："我该去找她吗？"我笑了笑，没回答。我不会再鼓励他，因为我是一个女人，而一个女人凭着直觉就知道什么样的男人会为女人带来幸福。

老林懂得了我的意思，叹了口气，那张英俊的面孔突然像老了几岁。他转身离开之前，我忍不住又叫住那个沮丧的身影，说："老林，别太自责，这不是你的错。只是，你知道吗，你们来自不同的星球。朱朱是耳朵星的，而你，你是孤独星的。"说完这句话，我看见老林的眼睛像暗夜里的星星那样闪烁了一下，又迅速熄灭了。

那天聚会结束后，在回家的路上，收音机里正好放着张震岳的歌。我将音响的声音调大，他用带着闽南腔的普通话，一遍又一遍，特别平静地诉说着："当你在翻山越岭的另一边，我在孤独的路上，没有尽头。"

这个故事已经过去了四五年，现在朱朱结婚了，刚刚生下一个女儿。我第一次去看望产后的她，那个粉红色的小东西牢牢地抓着她的耳垂盯着我。她果然将耳朵星的DNA遗传了下去。老林还是一个人，在孤独的路上犹犹疑疑地走着，也许再过一段时间，他会逐渐地坦然起来，接受母星赋予自己的命运。也许老林和朱朱可以彻底放下过去的一切，相逢一笑泯恩仇，用一句笑骂和对方做回朋友。

但我只是猜测。我看不清他们的心。我在这个星球上生活已久，所以不敢妄自以为看清了另一个同类的心。从前每当我这样以为，结果都只是又知道了几颗之前不知道的母星。我们在这个星球上被叫作人类。具体地说，是脊椎动物亚门哺乳纲灵长目人科动物。我们中最高的和最矮的相差不过两米；长寿与不长寿的区别仅在几十年；在X光的照射下，一颗人类的心脏与另一颗人类的心脏的相似度在百分之九十以上。

然而，一颗心到另一颗心的距离，可以比整个银河系还要长。一颗心要懂得另一颗心的困难，有时候远远超过人类登陆月球。

我知道，你来自另一颗星，命运终将让我们隔绝，但我确实曾经并将永远，爱你很多。

闺密也要棋逢对手

金融危机一来，阿曼达不仅年终奖泡了汤，还被降了薪。她一气之下辞了职，回家当起了全职主妇。

她本来把全职主妇的生活想象得如同一部偶像剧，花好月圆，有声有色，可是半年之后，阿曼达发现偶像剧的女配角们集体告假了。而她们原本是阿曼达分享恋情、时尚和郁闷的最佳闺密。

昔日的职业经理人阿曼达可不会一味地怨天尤人。她仔细地检索了过去半年来的记忆，发现改变了的可能不是闺密们，而是她自己。

过去，她和闺密聚会的地点不是供应商送票的小型歌友会，就是只对内部人士开放的品牌折扣会。闺密生日的时候，她会送上有闺密最爱的作家签名的著作；而她的手里，拿的是闺密所在的公司尚未上市的新款手机。现在，她只能请闺密来自家品尝她新学会的荷叶包饭。

过去，她和闺密的谈话虽然围绕着老板和老公这两大主题，但看似不变的主题里其实蕴藏着海量的信息。她换了一个老板，闺密换了一个老公，这样的潇洒背后支撑的是自信。现在，她最关心的是最新的韩剧，以及怎样长久地拴住老公的心。

过去，她和闺密都是血拼达人，有过专程去英国Burberry[1]工厂店血拼的经历。现在，出租车计价器上的数字跳过一百，她的眼皮就不由自主地跟着跳。

过去，她和闺密都善于在对方脸上发现最新的妆容，对每个品牌的明星产品如数家珍，一起为每一道新出现的皱纹紧张。现在，她为了省钱辞掉了钟点工，开始无所谓地伸出一双干燥苍白、指甲斑驳的手。

总而言之，她不再是过去那个阿曼达。她揽镜自照，问过去的自己会不会愿意和镜子里的这个人做闺密。

答案是，不愿意。

这个世界处处是规则，爱情需要棋逢对手，闺密何尝不是。毕竟无论爱情还是友情，都是为了让生活更加精彩。美剧《欲望都市》里的四个铁杆闺密虽然个个牢骚满腹，可没有一个是真正的弱者。

---

[1] 博柏利，极具英国传统风格的奢侈品牌。

想通了这个道理，阿曼达决定，暂时不联系闺密们了。不不不，不是怄气，她一点也没有生气。她只是需要一段时间来好好经营自己，之后再重返江湖。就算拿不出内部票和签名版著作，至少能够为这段友谊“贡献”点什么。要知道，友谊是一本活期账户，光支取不存入是不行的。而你自己是多大的户头，就最好和多大户头的人坐在一起。白金卡的客户跑进钻石卡的贵宾厅，就算别人不赶你，你自己也坐不了多久。

也许你会说，这样的闺密不是真爱。可是我问你，什么是真爱？

晒空间的女人

晒空间的女人，是大家背地里提起来的时候一个会心的笑。这笑里没有嘲弄的意思，但也并不像晒空间的女人期望的那样尽是羡慕。这笑，怎么说呢，大概是一种默契，笑的人有着同样的心路历程：从惊喜到惊奇再到惊诧；抑或是洞悉世情之后，对人性的体谅与宽容。

晒空间的女人，已经不是每天一晒或几天一晒的问题了，她是时时晒，刻刻晒，不分地点地晒，用生命在晒。她晒的是自己的生活，不过晒得如此之勤、如此之猛，简直让人怀疑她还有没有多余的时间和力气去生活。

抱怨等位时间久，其实晒的是高档餐厅；抱怨打扫卫生费事，其实晒的是复式房子。晒空间的女人，总是将尺度把握得刚刚好，既不直白肤浅，也不晦涩难懂。再加上晒购物、晒旅游、晒孩子，还好晒空间的女人的老公从来不出镜，不然她的生活就是一场活生生的真人秀。

晒空间的女人，还不仅仅是在个人空间里晒。如果是那样，看到信息的人只能自认是姜太公鱼钩上的那条鱼，纯属自愿。但对她是避无可避的，微博上、微信里、群空间……她无处不在，这更加令人疑惑，同样的信息一式几份，她到底哪来这么大的热情？

其实，晒空间的女人过得真不算坏。有车有房，生活滋润，孩子乖巧，公婆善良。如果不是她这样猛晒的话，还真的会有不少女人对她羡慕嫉妒恨。但她这么一晒，味道全变了，真正幸福的人哪会这么急着强调自己的幸福？

熟悉晒空间的女人的人，私下里剖析过她的心路历程。晒空间的女人年少不得志，既不貌美如花，也无实力娘家，只有一颗恨嫁又比天高的心。这样说起来，晒空间的女人起码有一个优点，那就是目标明确，头脑清醒。为此，晒空间的女人牢牢地把握住自己的初恋，像仙鹤涉水那样小心翼翼地挑选了多年，才成功地栖息在现任老公的肩膀上。

这样一个有分寸又有城府的女人，为什么变成了一个疯狂晒空间的人呢？一个有些刻薄的人是这样说的："她追求到了梦寐以求的生活，当然要拼命晒、拼命享受，她就是奔这个来的，同时也恐惧失去这样的生活，所以一定要用尽心思抓住。至于这些心思是怎么用的，她不会晒，她只会晒结果给大家看。要说她这样是不是真幸福，我想应该是的，就算要在人后做足功夫，她也不以为苦，因为她心甘情愿。"

啲，好犀利。仔细想想，还真是每一句都有道理。晒空间的女人不一定不幸福，但起码幸福得不够自信。因为这幸福里面总带着点“幸福给别人看”的意味。

幸福和给别人看，究竟哪个是因，哪个是果？弄混淆了的人只怕为数不少。中国人的心理是很奇妙的，打败了对手，我们不觉得成功，还要上去逼问一句“你服不服”，直到听到对方那句“服了服了”，这才喜笑颜开，鸣锣收兵，享受大功告成的快感。

幸福也是这样。锦衣夜行，味同嚼蜡，非得让过去看轻我的那些人都瞧个仔细，直到眼里放出艳羡的光芒，才算出了胸中的恶气。又或者对这份幸运还觉得恍惚，难以置信，总有着躺在别人家豪华浴缸里的不确定感，所以要通过“晒”来一次次加以确定。

晒幸福的行为是如此普遍，在明星们身上也屡见不鲜。例如某影后，我一度习惯了她在大大小小的典礼中讲述“爱的宣言”，变的是时间、地点和男主角，不变的是宣言里那一份舍你其谁、荡气回肠。每一个都是Mr. Right，每一次都假装在开头处看不见结尾，我只是不明白，为什么属于两个人的感情一定要经由其他人的耳朵和眼睛来旁观助兴。也许是因为她习惯了做被镁光灯追随的女主角，所以，少了关注的甜蜜和不加展示的浪漫无法令她达到高潮。

记得有一年情人节恰逢周末，花店的生意锐减，电视里被采访的花店老板垂头丧气地说："公司都不上班了，买花给谁看？"正在看电视的女孩们听到自己的心思被这样赤裸裸地表达出来，不知道会不会暗自心惊。给谁看？不应该是给自己看吗？他为你挑选了什么样的花，以什么样的方式送给你，说了些什么话，这些感人至深的细节都被有没有成功"晒"到的心思冲淡了。多年以后当你想起这一天的时候，你不记得那束花的样子，不记得他脸上的笑容，也不记得自己的心脏随着他的笑容激荡的感觉，你所能记住的，唯有那颗蠢蠢欲动的虚荣心。

不是憋着一口气，就是差着一口气，说到底，都是不够自信。亦舒说，真正的淑女，从不炫耀她所拥有的东西。原因无他，只有四个字：习以为常。当你开始"晒"时，问一问自己，你是不是在内心深处觉得自己配不上这样的幸福或者幸运，而不足以对其习以为常。

幸福，自己知道就好。不需要别人的羡慕和注目也能成立的幸福，才是真正的幸福。

大 女 人 的 小 鸡 电 影 [1]

大女人偏爱小鸡电影，看起来有些出人意料，细想之下却合情合理。

大女人匆匆结束一个会议，踩着八寸高跟鞋赶到电影院，把男朋友从乌龙长队里解救出来，拉进钻石卡VIP专队，然后，在男朋友用充满希冀的声音问看哪部的时候，毫不犹豫地将视线从“某某侠”“某某敢死队”“某某末日”的片名上滑过，停留在男女主角举着红酒杯对彼此俏笑的小鸡电影海报上。

有一个事实是我们女人既害怕又期待男人去发现的，那就是，女人的本质都是一样的。只有我们自己清楚，无论我们表现得有多

[1] 近几十年来欧美影坛发展迅猛的一大电影类型，来源于“小鸡文学”，指那种专门写给年轻女子看的青春时尚文学。此类电影轻松活泼，幽默戏谑。电影中的女孩像小鸡一般叽叽喳喳地跑动着，故事也遵循一定的范式：自立自强又积极阳光的女主角、智慧狡黠的语调、鲜艳粉嫩的色调、流行时尚元素，还有浪漫的爱情。

么叱咤风云，在内心深处，我们都期待着一个可以依靠的肩膀。

美剧《欲望都市》里的女律师米兰达说：“现在她找到男人了，她可以不再假装对事业感兴趣了。”其实并不是这样。大女人也好，小女人也罢，都希望有个男人让自己依靠。请注意这里的“让”字，它意味着这是一种选择、一种可能性，而并非一种结果。你可以让，我未必靠。即使我不靠，还是希望你让。女人为什么这样纠结？原因其实很简单。

一个有男人的肩膀作为退路的女人，是特别有底气的女人。她往往会假装抱怨工作太累太烦，男人让她不如回家去算了。也许她这样抱怨一辈子也不会真的回家，但因为有男人的这句承诺在，她就是一个有退路的人，不疾不徐，潇洒从容，在职场上仿佛立于不败之地。她的言行举止都透露着这样一种态度：她之所以要工作，不是她不得不工作，而是她想工作。

这样一种姿态对女人来说是至关重要的。相较之下，一个毫无退路的女人则要狼狈得多。她不是在生活，而是在讨生活。职场就是战场，战死沙场毕竟是男人的事。而对女人来说，花木兰替父从军也好，林四娘为爱出征也罢，今日戎装上马，归根结底，是为了有一天回来，对镜贴花黄。如果男人勘破了这个关于女人的事实，他们就会发现，女人需要的往往只是一个永远不会去兑现的机会成本。

这情形着实微妙。女人就是这样一种生物：她等着你对她说一句“你什么都不用做，一切有我，宝贝”，然后扛上家什和你一起披荆斩棘。而这个秘密，她绝不会主动告诉你，因为那要作为你准备好为她独自作战的礼物。

《我知女人心》这样的小鸡电影大受女人欢迎，是因为它提供了现实中不可能存在的像女人一样了解女人的情人，但如果现实中真有这样的人，估计女人的感觉会是既爱又怕。谁都不希望自己在别人的眼中是透明的。而且，那句话怎么说来着？距离产生美。“男人来自火星，女人来自金星”，看似沮丧，其实也带着温柔的矫情，透着搔着了痒处的惬意。

那么，小鸡电影对女人，特别是对大女人来说，究竟意味着什么呢？其实，它就好比我们幼年时都玩过的过家家游戏，寄托了女人对爱情和婚姻的幻想。只不过那时我们玩过家家，是出于无知的向往，而如今我们看小鸡电影，是出于看透后的怀旧。大概只有在这短短的一两个小时内，爱情才可以回归它最纯真、最透明的样子，用哪怕是那个坐在身边的男人都不了解的方式，隔着岁月抚摩那颗曾经柔软蓬勃的少女心。

最受女人欢迎的小鸡电影基本上有两种套路。一种是缠绵悱恻式，用来满足女人对纯爱的幻想，例如红火一时的《被偷走的那五年》，以及那部曾是万千女性催泪弹的《泰坦尼克号》。总之，当我们女人看这种电影的时候，我们想要看到的就是——爱，很多很多、很深很深、很纯很纯、经得起时间考验的爱。意思和紫薇尔康搂着脖子喊“你是风儿我是沙”差不多，不过得换个更现代、更入眼的方式。煽情啊，凄婉啊，百转千回啊，尽管往我们身上砸，面巾纸早已备好，来电影院本就抱着释放毒素的打算。

另一种是辛迪瑞拉[1]式，用来满足女人对浪漫的幻想。例如小鸡电影鼻祖《漂亮女人》，这种电影剧情就像热气球，可以从天而降到任何一个女人的手上，直接将她从平凡的生活中拔地而起，从此以后情不缺钱不缺帅哥不缺。女主角如果相貌平凡，男主角就阅尽人间春色后单好这一口；女主角如果咋咋呼呼，男主角就会烦着烦着突然乐在其中。总而言之，这种电影告诉我们，无论我们是什么身材什么长相什么性格什么情商，每个人都有一秒钟变白富美[2]的希望。

永恒不变的爱和自天而降的帅哥，这两种幻想哪一种更不切实际？你以为大女人的心中不清楚吗？你没见电影厅里灯光亮起，她擦掉眼角未干的眼泪，拿出手机检查一下有没有漏接老板的电话，然后伸出手挽住自己不高不帅也不多金的男朋友，心里还盘算着下次看电影一定得自己掏钱买票。

所以，小鸡电影之于女人，就像在卡拉OK包厢里付费享受的温柔之于男人，不是不明白那层迷乱与爱情的距离，只是亵玩焉。

---

[1] Cinderella音译，即灰姑娘。

[2] 网络语言，指皮肤好、经济能力强、长得漂亮、身材好、气质佳的女子。

Chapter 5

你最重要

他不会真的爱上你，如果你没有先行爱上自己。在某种程度上，他爱的，正是你眼中的你自己。爱情，应该是一种邀请，而不是索取。你在遇见他之前已经足够圆满，才有能力在遇见他之后发现世界上还有更为圆满的圆满。

自恋是天上的光

一个男艺人，刚出道没几年就因为合约问题惨遭公司雪藏，好不容易解除雪藏进入事业鼎盛期，又屡屡被批评唱歌造作，演技生硬。他成了“没天分”的代言人。手头终于积攒了一点家当，也想往商业方面发展，可是投啥啥赔钱，几乎一朝回到解放前。这个男艺人，就是刘德华。

时至今日，“刘德华”这个名字代表的不只是一个人，它简直是一种精神的象征，大多数人管这种精神叫勤奋，而我管这种精神叫——自恋。

刘德华是自恋的，这一点大概不会有人否认。至于他演了三十年戏还屡屡被人批评“没演技”，大概也与此有关。无论是在《大块头有大智慧》的皮囊里，还是在《无间道》的风云中，他都很难让观众忘记他是谁，因为首先他就无法忘记自己是谁。他总是在某一个瞬间，忍不住掀起人物的帘幕，要起属于刘德华的

“帅”。或者公平一点说，他并没有特意“耍帅”，“帅”已经深入他的骨髓里，成为他不可分割的一部分，而将之一点一点刻入其中的，正是他的自恋。

他的自恋还包括，不到年近半百，都不肯宣布自己已婚的消息，他说是怕粉丝自杀，其实何尝不是他自己怕失去给所有人幻想的机会？他自恋如此之深，也令他免于沉沦。一个如此爱自己的人，就算被命运踹倒九十九次，也会一百次爬起来，还不忘仔细拍掉衣服上的灰尘，整理好发型，继续还命运一个微笑。

你说他这样勇敢无畏，是因为爱人间、爱工作，还是爱谁谁？都不是。唯有对自己的爱，能够矢志不渝，日久常新，焕发出如此惊天动地的力量。唯有深深地迷恋着自己，才不允许自己在挫折里一蹶不振，自己同情自己，这样的可怜虫角色是他绝对不能接受的，他相信自己是如此精彩，所有的不欣赏势必只是暂时的误会，这个世界总有一天会像他一样爱上自己。

这个世界上哪有那么多心灵鸡汤、正能量，最大的正能量是自恋，只有自恋能够帮助人一次次走出逆境。

自恋的奥秘不止于此。有关徐志摩和他的三个女人的故事，相信很多人都听过不止一次。为什么同一个男人，在这个女人面前宛若情圣，到了另一个女人面前，就成了铁石心肠的薄情郎呢？关于这个问题，很多的分析都是针对徐志摩的，却缺少对三个女主角的差异的分析。而这一点，我在第一次看这三个女人的照片的时候就发现了。

徐志摩曾经这样贬低他不爱的发妻张幼仪：“你这个土包子！”而后者教德文、开服装公司、经营银行，无论如何都应该和“土包子”这个词相去甚远。那么，她和林徽因以及陆小曼相比，到底是差了哪一点呢？

她不自恋。

林徽因的自恋不必提了，有那部冰心换来了半瓶子醋的《我们太太的客厅》为证。陆小曼的虚荣与自恋和电视里伊能静的演绎倒是相映成辉。而照片里的张幼仪，其实眉清目秀，长相并不难看，也不土气，却独缺前两者眉宇间的那股子公主气。而徐志摩，他是个诗人，他爱的，当然是有公主病的公主。

说起自恋，还有一个我很尊敬的人不得不提。秦怡是每次出场必得到我妈绝口赞叹的偶像，也是我妈立志老了以后要向之看齐的目标。伊人十足地诠释了什么叫作“优雅地老去”，那一丝不苟的银发、虽然衰老却依然白皙的肌肤、永远挺直腰杆的仪态，让多少女人对老去这件事情多了一份信心。

然而这样的美貌与保养并不是养尊处优的结果，她耗尽半生辗转照顾患了精神分裂症的儿子，在晚年却依然不得不忍受白发人送

黑发人的疼痛，甚至一度想到自杀。她最终还是挺过来了，而且活得光彩照人。

别告诉我这是心灵鸡汤的力量，世界上没有任何心灵鸡汤能有这样的力量，否则诺贝尔和平奖和文学奖就可以合二为一，全部颁给心灵鸡汤作家。唯有自恋，能让她在比黑暗更黑暗的时刻，还能发现只属于自己的光。

自恋是天上的光。

对不起，我最重要的事是取悦自己

我这个人最大的优点和最大的缺点都是很爱自己。爱自己一爱三十多年，中间经历了无数的同辈暗示、长辈训斥、友人规劝，还一意孤行，越爱越深，不以为耻，反以为荣，不知道有几个人能如我这般。

大学毕业的时候，我得到了许多人梦寐以求的工作。非五星级酒店不出入，成天打着飞的满天飞，开个会要特地包下一个近海的小岛，英俊的老外同事小跑着为我挡住电梯门……

唯一的问题是，没有周末。作为一个新人，我没办法控制任何事的流程和节奏，以至于每个在我上一个节点的人都在周五下班前将任务移交给我；而每个在我下一个节点的人都期待在周一上班时看到我已经完成的工作。这样过了一年半，情况没有改善，我向上司提出辞职。上司是一个在英国长大的香港人，非常英俊。他们普遍英俊，因为一丝不苟的健身及衣饰。

他站起来，扭了扭脖子，不经意露出三件套西装的背带，然后又坐下来，从办公桌对面盯牢我，双手捂住嘴巴，只露出毫无表情的眼睛，让我想起张爱玲《金锁记》里的描述：“那眼珠却是水仙花缸底的黑石子，上面汪着水，下面冷冷的没有表情。”

他说：“你要想清楚。你有更好的机会？”
我回答：“没有。”
他挑了挑眉毛，重复了一遍：“你要想清楚。”

我很感激我的前上司，这已经是他所能做出的最真诚的挽留。于是我也真诚地说了一句事先没准备说的话：“我需要一份有周末的工作。”

不管他理解还是不理解，我离开了。为了可以睡懒觉、发呆的周末，离开一份梦寐以求的工作，我不光是爱自己，简直是纵容自己。当然后来我找到了新的工作，不过宠溺自己始终没变，包括在熬夜攻案子之前，半躺在办公椅上敷面膜；包括在周一早上的例会上，边听下属汇报边盯着我的滴漏咖啡注满杯底。

但我有一个优点，我很公平。我不仅爱自己，而且怂恿周围的人多爱自己一些。于是在我的团队里，你会看到穿着绣花鞋和睡裤来上班的人，我给他们的口号是：“工作上，能做到一百分，决不允许苟且在九十九分。但是在能偷懒的时候，决不放弃任何一个宠爱自己的机会。”

我还鼓励多年性格不合的父母离了婚，让他们去寻找各自的幸福。当老公在工作上难以取舍，征求我的意见的时候，我的答案永远是："怎么选你会更开心，就怎么选。"

在中国人的传统观念里，忧国忧民是值得赞赏的，皇帝不急太监急是可以理解的，而爱自己、取悦自己仿佛成了一件需要解释的事情。因为这代表着自私、不忘我。但是我为什么要忘我？连自己都忘记了，我活着还有什么意思？

上帝保佑，在我生活的这个时代，人们不再将之称为"自私"，而开始称之为"自我"。当我的女儿长大时，如果她还能听到"雷锋"这个名字，如果她问我雷锋为什么要去帮助那么多的人，我想我不会回答她"为人民服务"，我的答案将会是"因为这样做能让他自己开心"。

哦，亲爱的宝贝，你一定要让自己活得开心。这才是你来到这个世界最重要的使命。譬如在工作中，你会发现乔布斯的那句话是真理："听从内心的声音，做自己想做的事。"因为从长远来看，只有这样的选择才能真正地让你身心合一，让你的工作不仅仅是一份工作，而成为一份事业。任何扭曲自己的工作选择，最后不是以庸碌无为收场，就是在走了一大半之后还要付出从头开始的代价。

在爱情中更是如此。他不会真的爱上你，如果你没有先行爱上自己。在某种程度上，他爱的，正是你眼中的你自己。爱情，应该是一种邀请，而不是索取。你在遇见他之前已经足够圆满，才有能力在遇见他之后发现世界上还有更为圆满的圆满。

和别人在一起的时候，你也永远别忘了取悦自己。没有人值得你放弃快乐，没有任何快乐比你自己能感觉到的快乐更正大光明。如果有人批评你这样做是无组织无纪律无集体主义，你就告诉他，如果集体的存在不是为了让每一个不伤害别人的个人都活得更快乐的话，那个集体就是个伪命题。

这个世界能有多美好，取决于我们有多爱自己。我们所占有的微小一隅，如果能够开满不吝不嫉、清澈晶莹的花朵，如果这个星球上满是这样的微小一隅，那么它在外星人的眼睛里，一定会美丽到不可思议。

当然，在我取悦自己的闲暇时光里，我愿尽量配合你取悦自己。我真诚地希望你在这个孤独星球上住得开心。

微胖界的才是完美主义者

在胖子和瘦子之间，有一个群体，叫作微胖界。我自己是微胖界的一员，我估计正在看这本书的你也是微胖界的一员，因为这个群体实在是太庞大了。

对微胖界的人，人们总是抱着一种恨铁不成钢的感情，我们提起自己的时候，也多半用半是遗憾半是惭愧的语气，给相亲对象发张照片还要说一句："不好意思，微胖界的。"

我是从什么时候开始踏入微胖界的呢？大概是从我退出胖子界的那一天开始的。其实这也不是我自个儿努力的结果，而是发育蹿个儿的结果，然后我就以一米六八、一百一十斤的指标稳定地生存在这个星球上。不稳定的是这个星球的评判标准，他们一会儿管我叫"模子大"，一会儿说我"身材中等"，现在他们终于决定了，管我叫"微胖界的"。既然如此，我为什么不努力一把成为无可争议的瘦子呢？我想了又想，想为我们微胖界找个说法。

后来我终于想通了，我们不减肥，是因为我们是完美主义者。

假设一个胖子、一个瘦子和一个微胖界的一起坐在咖啡厅里，胖子肯定会要一杯全脂卡布奇诺外加一份奶油，搭配三个马卡龙和一块芝士蛋糕。瘦子肯定会面带礼貌而挑剔的微笑对服务员这样说道：“请给我一杯拿铁，不加糖，用脱脂奶，谢谢。再来一个火腿三明治，不要火腿，不要蛋黄酱，谢谢。”然后被笑容僵硬的服务员腹诽而死。

微胖界的呢，她也会要一杯无糖拿铁，但是用全脂奶，因为少了那一点点油，咖啡就不会像丝绸。她也要一个马卡龙，樱花口味的，那罗曼蒂克的粉红色，没人舍得大口吃它。微胖界的左手边坐着大快朵颐后正在后悔的胖子，右手边坐着嘴里淡出个鸟来还要强颜欢笑的瘦子，她抿一口咖啡就一口马卡龙，享受美味和卡路里握手言和的战果。

看出来了吗，我们之所以成为微胖界的，是因为我们想要鱼与熊掌兼得，美食与美丽，我们哪一样也不想放弃。与走任何一个极端相比，我们选择了一手抓有所控制的美食，一手抓有所妥协的美丽，两手都要抓，两手都适度地硬。这不是完美主义是什么？

除了为自身考虑的完美主义，我们微胖界的还是为他人考虑的人际关系完美主义者。这个世界上最扫兴的事情是什么？莫过于兴致勃勃地打算暴撮一顿的时候，身边的人宣布自己正在减肥，任凭你怎么点菜都无法调动她的热情，而且在你每吞下一口食物的时候报出一个卡路里数字。微胖界的就不会这样，我们不是强迫症患者，对偶尔的放纵接受良好。如果朋友需要，或者情绪需要，我们随时准备把卡路里这回事抛到脑后，先醉生梦死一番再说。但是和真正的胖子相比，我们又是可以一起谈瘦身谈时尚的好闺密，毕竟，我们在放纵这条路上不会走得太远，而且会在你不小心走得太远的时候拉你一把。

说来说去，我们微胖界的，一脚踩在胖子的分界线上，一脚踏在瘦子的大门前，我们之所以停在这里，没有向左或者向右再迈近一步，是因为我们追求完美的平衡。是我们对自己、对生活、对大家的爱，让我们留在了微胖界。阿门！如果你的身边有一个微胖界的人，请一定珍惜。

情还在伤，药不能停

朋友失恋了。以这五个字开头的文章有太多太多，所以我不能再简单地以这五个字开头，否则连我自己都没兴趣往下看。但如果我说出朋友的失恋对象，估计你就会在会心一笑之余彻底明白，我说的不是普通的失恋。

对象是——金秀贤。

失恋的经过一共不到十小时。在她连续失约金秀贤的北京见面会和上海见面会之后，她确定自己仍然爱着他，于是决定远赴广州去抢票。

前面两场见面会，其中一场还在家门口，之所以失约，是因为那时她还处于“禁欲期”。她居然妄图通过自我欺骗和自我压抑来熄灭对男神的渴望，结果当然是欲盖弥彰，先抑后扬。

在温暖湿润的广州，她历经千难万险从非洲兄弟的手里抢到了出租车，又历经千难万险从黄牛手里买到了门票，却在检票的时候被鉴定为假票！转身找那个黄牛，当然找不到了。可恶的是，旁边另一个黄牛露出一脸幸灾乐祸的笑容，说："你早来我这里买就好了，我可以先检票再付钱！"朋友一咬牙，买！沉没成本忽略不计，没有达到最终效果才是最大的失利。她花了两年时间、三十万大洋学来的MBA知识终于在这儿派上用场了。

那天她进场后的具体心情无法得知，见面会的过程我只能从新闻中知晓，反正我再看到她时的状态就是这样——失恋了。这不是第一次也并非最后一次，在我可追溯的记忆中，欧巴[1]就还有两个，日本的花男也有几个，另外还有泰国的混血帅哥、国内的快男。每一次她都仿佛重回痴情少女，经历"被吸引——挣扎——彻底陷进去——快速失恋"的过程，而且每一次失恋都发生在完成一个大动作之后。

譬如那个主演泰国电影《初恋这件小事》的混血帅哥，用当时她自己的话来说，帅得她满脸血，从此以后见公不是公，眼中再无雄。陷进去的那段时间，她整个人处于恋爱的状态，激素分泌旺盛，双颊自带玫瑰色红晕。然后帅哥来徐家汇签售，她去了。轮到她的时候，她没和帅哥说话，抓紧时间将帅哥好好看了个够，从手指，到长腿，再到发尖。

---

[1] 韩语中"哥哥"的意思。

然后，她就失恋了。我问她："是不好看吗？"她回答："很好看，只是时间到了。"

所以千万别把我的朋友称为"脑残粉"。如果你看到她在本市标段写字楼会议室里叱咤风云的样子，就会知道这绝不是事实。压抑也好，纵情也好，失恋也好，都是她对自己的款待。把自己放进失恋的情境里搓揉几下，叹几口气，失几场眠，甚至掉几行泪，效果好过SPA水疗。至于到底是戏假情真，还是戏真情假，就只有她自己清楚了。

治疗情伤最好的良药，当然是新欢，所以她马不停蹄地将自己送往一场又一场粉丝见面会，见面会的主角，无一例外都是年龄在二十四到二十七岁之间的妙龄男郎。有没有人能够从科学的角度验证一下，这个年龄段的帅哥的阳光笑容对御姐的一颗苍茫老心是否有着立竿见影的治愈作用？

总而言之，情还在伤。所以，药不能停。

你有胸怀，我有胸

上海的年轻人自发组织了一个活动——“既然青春留不住，晒出胸部和臀部”。李宗盛如果知道他那句嗟叹人生的歌词被接了这样的后半句，不知道是会哭笑不得，还是会顶礼膜拜。

现在的年轻人越来越自我感觉良好。在我们还很年轻的时候，我们青春得远不如他们这样坦然。好像一过二十五岁这道坎儿，就迫不及待地将老成持重的面具挂在脸上，而在那之前，走到哪儿都做出一副“我知道我嫩我无知”的低姿态。甚至刚到二十八九岁，就宛然以中年人自居，常常挂在嘴上的话是“老啦，老啦”。

现在，我委实想不出自己在哪个阶段坦坦荡荡、扎扎实实地享受过年轻带来的优越感。而现在的年轻人，他们既不急着长大变老，也不会因为年轻无知而感到不安，他们在青春尚未溜走的时候就懂得享受青春的可贵。真好。

我喜欢和羡慕时下年轻人的还有他们发明了“圣母”这个词，并准确地将之定义为贬义词。

我姨妈打电话给我，让我劝劝小表妹，因为她不肯去参加世交女儿的婚礼。见到小表妹的时候，她一边忙着做面膜一边对我说：“不去就是不去，我讨厌她，小时候她一直欺负我。”我说：“都那么久的事情了，你还有必要记仇吗？”小表妹说：“我为什么不记仇？记仇就是记仇，勉强自己去原谅才没必要。”

我真是三观为之一震。要知道，我到年近三十才参透这个道理：别勉强自己当圣母，要勇敢地不原谅那些曾经伤害过你的人。当类似的话从才二十二岁的小表妹嘴里说出来，我忍不住要为她喝一声彩。

当然长辈们会说：“你们这样不放过，会活得很累。”但我想说并不累，只要你的心足够强大。只有内心孱弱的人才需要确定身边人人都喜欢自己，方方面面都和谐才能愉快地生活下去，而对我们来说，不和谐就是常态。人活在世上，身体也好，心灵也好，难免会有一些磕磕碰碰和不舒服，怎么办？成熟的态度是live with it，直译为“与之共存”，意译为“爱谁谁”。

和茹毛饮血的西方人比起来，我们一直活得太含蓄、太高尚，也太圣母。我们太小看自己的肉体需求，也放大了别人的心理需求。而一个无意伤害别人的人，竟然无法理直气壮地说出那句话：“老子活在这个世界上就是为了快乐！”

每个人都不要故意伤害别人，同时用力取悦自己，长此以往，这个社会就会变得和谐。如果对极少数玻璃心来说，这样的和谐还不足以满足其心理需求，那么心理咨询师这个行业正是为他们而存在的。

对于那些坚持以圣母的标准要求别人和要求自己的人，我建议，不妨回之以“晒出胸部和臀部”活动中另一句响亮的口号：你有胸怀，我有胸。

一碗银耳红枣羹

我很爱银耳红枣羹这样吃食，原因我后面再告诉你。

大概有中国女人的地方，就会有银耳红枣羹。崭新一天的清晨、忙里偷闲的午间，或是一切重归静谧的夜晚，一个温柔咕嘟着的电饭煲，一个蓝花烫金边的瓷碗，以知己的姿态，既平和又郑重地登场的，便是这碗银耳红枣羹了。

材料都是极其平常的，讲究到底，无非是银耳的颜色要是让人放心的黄，花要大，梗要净，瓣儿要剔透；红枣的颜色要是诱人的红，味道要有山东的糯、河南的甜、新疆的先声夺人。将这两样食材和水一起倒入电饭煲，便不用理它了，过数个钟头，再加入冰糖，就可以一饱眼福和口福。

其实除了眼睛和嘴巴之外，得到最大满足的，恐怕还是女人的心。这小小的一碗甜蜜，像是带着说不清的魔力，能让你每吃下一口，就觉得自己更加滋润、更加美丽。银耳带走燥热，红枣带来血气，你在那袅袅的热气中恍若重生，只见一个唇红齿白的自己，有着水做的骨肉，在城市的角落里缓缓绽放。

这样说来，爱吃银耳红枣羹的女人，多少是有些自恋的，或者应该说是自爱。自爱是每个女人都要向尘世讨教的功课。而如果这一课的答卷是一碗银耳红枣羹的话，那么说明这个女人洞悉了冷热调匀、软硬兼施比起燕窝鲍翅来，还应该算得实惠。这算不算是得着了人生三味呢？

我刚开始工作的时候，母亲常为我熬制银耳红枣羹，每晚殷殷催我喝下。不过彼时的我，满眼都是杨桃汁、芒果饮，对银耳红枣羹这样的荆钗布裙，哪里会放在眼里？直到有一日加班晚归，满身的力气似乎已随着修改了无数遍的报表飞走，瘫倒在沙发上的我一口气喝下半碗母亲端上来的银耳红枣羹，那份清甜润贴，让我恍若被注入精血重生，也让我在瞬间红了眼眶——原来银耳红枣羹传递的，不仅仅是自爱，还有最爱你的人那份朴素却久远的爱。

当然传说中也有二十四孝的男人洗手为爱人做上一碗银耳红枣羹。不过我倾向于将这样小食限定在女人的世界里，就好比做面膜的过程对女人来说既是隐私，也是乐趣。需要与男人分享的，只有事后作为成果的好气色和好心情。其实，银耳红枣羹又何尝不是一款内服的面膜呢？至少我认识不下于三个“无龄美女”是将它固定在每日食谱里的。

我还有两个关于吃银耳红枣羹的女人的故事。第一个是我上一份工作的上司，一位雷厉风行的女强人。她有一头瀑布般的浓发、一副高挑的身材，常年穿着阔腿西裤，走路快，说话快，做事快，让许多男人甘拜下风。可就是这样一个女人在茶水间里放了一只电饭煲，里面不时炖着的，正是银耳红枣羹。看着她一手操作电脑，一手捧着银耳红枣羹的模样，我知道，坚硬与柔软，绝不矛盾。

还有一个，是从小与我一起长大的好友。在她与相处多年的男友分手那天，我因为不放心赶去探望。她显然刚刚哭过，可这会儿打起了精神，泡了个澡，为自己盛上一碗银耳红枣羹。她吃着吃着，泪珠掉进碗里，却抬起头给了我一个微笑。从那个微笑里我知道，她会过得很好。

所以，现在你应该明白，银耳红枣羹对我、对女人们究竟意味着什么。城市这样嘈杂，生活这样忙碌，世事这样无常，可是，凭着这小小的一碗银耳红枣羹，女人们又能在困境中挺直脊背，面带微笑提醒自己：无论发生什么，也别忘了好好爱自己的决心。

我和朗姆有个约会

有一种心情叫快乐，有一种心情叫寂寞，还有一种心情，叫朗姆。朗姆这种东西真是奇妙绝伦，因为它和一切食物都配套。化妆有打底色，穿衣有基本款，朗姆大抵就是类似的东西。热咖啡里滴几滴朗姆，香醇里立刻添了妖艳；冰可乐里滴几滴朗姆，夏天跃然到唇齿之间。

和朋友在一起的时候，我们爱用朗姆拌冰激凌。半杯白朗姆，一大桶冰激凌，用搅拌机搅上几秒，就是三两闺密最好的聊天伴侣。其实它有点像另一种女生都会爱的酒——百利，只是没有那么甜腻。和他在一起的时候，我们用朗姆掺巧克力。酒很浓，而吻很浅。巧克力很苦，而爱情很甜。

朗姆酒这个名字，最早是和加勒比海盗联系在一起的。还记得杰克上了那条鬼气森森的海盗船后做的第一件事是什么吗？翻箱倒柜地寻找，然后沮丧地宣布：“这里连一滴朗姆酒都没有了！”

杰克喝的是金朗姆。琥珀色的半透明液体倾入高脚杯中，光看就已经迷醉。那是朗姆酒加入香料和焦糖之后倒入橡木桶中，至少陈酿三年所得。它的芳香醇烈，只适合杰克那样豪饮的男人。而你如果也是浅尝辄止的女人，那么还是像我这样，享用温和的白朗姆吧。

还是少女的时候，有人为我点了今生第一杯鸡尾酒。多年后我独自一人在陌生的城市里找寻这种味道。终于，调酒师将它放到我的面前，告诉我它的名字叫蜂之吻。朗姆的冷酷、奶油的柔软和蜂蜜的清甜，汇成了这致命的一吻。也许很多时候你都忘记了，吻一个人将付出怎样的代价。

既已纵情，何妨死去。当写下《朗姆酒日记》的亨特·汤普森选择以海明威的方式结束自己生命的时候，地球另一端我所在的城市，雾霭正在散去。明天是明快还是颓废，我不知道。但至少在今天，这个世界很美好。因为，我和朗姆有个约会。

叮！下午茶时间到

你请一个英国人喝咖啡，他可能会严肃地告诉你，他是一个“茶人”，而不是“咖啡人”。在英国读书的时候，被搭讪的用语也从“有时间一起喝杯咖啡吗”变成了“有时间一起喝杯茶吗”。

刚抵达英国大学的时候，因为注册的事，常往教导处跑。每到下午四点钟，教导处都大门紧闭，门下挂块小牌子，上书“Teatime”[1]。在英国，有一首民谣是这样唱的：“当时钟敲响四下，世上一切皆为茶而停。”

第一次品尝正宗的英式下午茶，是应导师之邀去他家做客。师母亲手为我们斟茶，配以自家烤制的松饼和覆盆子果酱。尚且不解下午茶三味的我，更多是对细节的好奇。例如女主人亲自布茶，既是好客，也是礼节，客人万万不可自己动手；例如要冲茶入奶

[1] 即茶歇。

而不是冲奶入茶。而下午茶必备的伴侣松饼，据说根据一个人说这个词时的发音就能判断他来自英国何处。

在英国待得久了，下午茶逐渐成为生活中必不可少的一部分。阿萨姆浓烈，大吉岭淡雅，川宁伯爵茶带点淡淡的佛手柑香气。牛奶是必加的，如果要追求更柔香的口感，还可以加些奶油。如果偶尔想宠爱一下自己，就再加少许的金橘糖浆，那呼之欲出的清香，品尝起来就像是一口口吞下黄庭坚的小巧诗句。

离开英国之前，和朋友游伦敦，在著名的哈罗斯百货品尝了那里的经典下午茶。茶是橘红色的，带着玫瑰香气，缓缓注入骨瓷杯中，连透过窗户的阳光也仿佛带上了复古意味。点心用三层骨瓷碟装盛，第一层青瓜三明治，第二层松饼，第三层水果塔。从下往上逐层开吃，有好茶暖口，有好友暖心，这一刻的你，既不需要考虑爱情，也不需要考虑减肥。

朋友Sally（萨莉）对中国人喝茶不加奶感到不可思议。我微笑，看着壶底的碎茶渣，不知道该如何向她形容龙井茶二道的透彻、三道的清浅，以及“尝其味”之前“观其形”的意境。最后我想告诉她，中国人虽然不用牛奶温杯，但用杯盖氤氲茶香和热气，但我又不确定“氤氲”这个词用英文如何表达才能达意。

Chapter 6

让过去的去，让未来的来

要到你准备好了那一刻，他也才恰巧准备好。在那之前，他有他的刀刃要踩，也有他的鲜血要流，命运安排你们在这一分这一秒这个际遇，才能变成对的时间对的地点和对的人。

走过的弯路和爱过的烂人

你说人生有两大杀手——走弯路和爱错人，我想起那个著名的第五张饼的故事。有人吃到第五张饼的时候饱了，于是说早知道前面的四张饼就不吃了。聪慧如你，在听到这样老掉牙的笑话的时候，大概连笑脸都懒得赏一个，却没发现其实你和吃饼的人大同小异。

早知道不做前面那份工作就好了，早知道不爱前面那个人就好了。人生最轻松也最沉重的三个字，大概就是“早知道”。当你嘴角挂着一抹自嘲的微笑吐出这三个字时，我感觉不到一丝事后诸葛亮的自作聪明，因为你的语气分明是苦涩的——早知道，意味着太晚才知道。

早知如此就不会犯的两个错误，你都犯了。其实这也没什么稀奇，这世上百分之九十九的人都是如此。走一点弯路，爱个把烂人，这本是必不可少的成长轨迹。不遵循这个轨迹的人，要么太多幸运，要么太少自由。

能够看着你一步步脱胎换骨的人亦是幸运的，而我碰巧就是那个幸运的人。二十八岁的你和十八岁的时候相比，区别绝不仅仅是多去过几个旅游胜地，或多了解了几个衣服牌子。当我来到聚会地点，看到的是提前抵达的你构成餐厅悦目的一景，然后，你也发现了我，啪的一声合上笔记本电脑，对我绽放出璀璨的笑容。你是否知道，那一刻，就连阳光都因你而变得有了质感。

之前的你可不是这样。你可记得大学毕业的时候，我陪你去参加招聘会，不自信的你逡巡了整个上午，才嗫嚅着递出一份简历；你可记得二十五岁的那个深夜，我帮你把行李从负心汉的公寓里搬出来，你抱着我在街头放声痛哭；你可记得在我们都还很年轻的时候，我们拥有很多肤浅的爱，但彼时我们并不知道什么是珍惜和疼痛，只知道狠狠地刺出阿修罗的刀。

当然，亲爱的，无论哪一个你都拥有我的友爱。只是那个你最希望他爱你的人，只怕非得站在所有那些“早知道”的尽头等你不可。那些通往他的弯路和错爱，沿途铺成一条红毯，染红它的，是你如人鱼一样脚踩刀刃的疼痛。但没有一滴血是可以不流的。

你知道为什么吗？因为要到你准备好了那一刻，他也才恰巧准备好。在那之前，他有他的刀刃要踩，也有他的鲜血要流，命运安排你们在这一分这一秒这个际遇，才能变成对的时间对的地点和对的人。

至于工作，更是如此。如果没有第一份工作的无聊和庸常，又怎会有你置之死地而后生的发奋和崛起；如果没有第二份工作的困扰和忧思，又怎会有你如今的果断英明；如果没有那些曾经难缠到令你伏案大哭的上司和客户，你又怎会有今天泰山压于顶而色不变的从容。你淡淡地告诉我，没有一杯咖啡加一支烟过不去的事。

十年时间，那些令你遗憾的弯路和错爱，像时光毫不留情却暗藏疼惜的雕刻刀，将你一点点地雕刻成今日的样子。在特别脆弱的时刻，你也会将“我老了”这样的话挂在嘴边，但其实我们都知道，那只是因为你累了。待这个世界给你一点点时间、一点点空间、一点点故作遗忘的留白，你又会焕然一新，站到它的面前，像游戏里的战士满血复活。

最让我为有你这样一个朋友感到骄傲的时刻，是每一次看你在猝不及防的打击面前，在最初的错愕过去之后，一点点地、慢慢地却是坚决地，挺直脊背。你这样一个女人，已经坚强到足够温柔，坚硬到足够柔软。

说了这些，何尝不是因为你就像一面镜子，照出的是我自己的悲欢和经历。我们手拉着手站在岁月里，有时也放开手去顺应彼此的沉浮，但归根结底，是为了在洒满阳光的海面上重逢。

那些走过的弯路和爱过的烂人，其实我从未想过虚伪地去感谢他们的存在。虚伪是一种自虐，正如无止境地悔不当初。我相信他们更像我们脸上的痣和心口的疤。无论我们愿不愿意，他们就在那里，在每一次照镜子的时候，提醒我们过去的存在；在每一道喜悦或悲伤流过我们心上的时候，改变它们的流速，让我们感觉到我们所能感觉到的。

因为他们，我们才是我们。

嘿，我还没有痊愈

六点五十五分，她起床。她很认真地用粉红色的电动牙刷刷牙，视线掠过刷头已经彻底干燥的那只蓝色牙刷。她面无表情，还没有从睡眠状态中清醒。

喝完一杯咖啡，她觉得状态好了一些。再刷个牙，然后出门。她在门口弯腰拉上踝靴的拉链，同时把鞋架上的男式慢跑鞋摆齐。

好久没有晨跑了。人哪，懒起来比什么都容易，但这个早晨有点不一样。有桂花香气呀！她一下子雀跃起来，又为这样的雀跃感到有点不好意思。心情这样容易被左右，是孩子气的表现吧？

上午很忙碌。忙碌好一点，否则就不确定自己是否被需要。她不是什么重要的大人物，所以很需要确定自己被需要。

中午，她避开同事独自在公园里用餐。这半年来其实她不大敢独处，但是这个中午，大概是桂花香气给了她勇气。她坐在树荫下愉快地吃掉了一个三明治，做伴的只有一只小鸟。她依稀觉得自己认识这只小鸟，在他们时常约在这儿一起吃午餐的岁月里，这只小鸟好像也出现过。

这么一想，她蹲到小鸟的面前仔细审视它。它毫无畏惧地回视她，看起来没有什么异样。这不奇怪，她从表面上看，也没有什么异样。大概还有人会觉得她好看。是的，今天的她是好看的，从面容到头发，从风衣到靴子，就像那首诗所说的，她在看风景，看风景的人在看她。

一个平庸的下午之后，她记起晚上有约会。她很认真地去约会，从很认真地补口红开始。约会对象很不错，讲了很多笑话给她听。她很努力地听，笑，再笑，笑了很多。她看见对方的眼睛闪闪发亮，哦，他喜欢她，真好。

他送她回家，找了些不成借口的借口走了很长的路，路上她毫不意外地被牵住了手。在门口，他想吻她，她想了想，还是说不。不行。现在不行。

她本来已经准备好了理由，但是对方根本不需要。他似乎对她的拒绝感到满意，这拒绝在他看来暗示着的并非拒绝，而是实打实的接受。他以为她想要慢下来，理想的关系，慢一点，结果会好一点。

她同意他的话，慢下来。但原因并非和他想的完全一样。她需要更多的时间，也许是永远也到不了尽头的时间。

她关上房门，在黑暗中摸索，啪嗒一声把灯按亮，然后滑落到地板上。终于，一天又过去了，她又挺过了完完整整的一天。

等到她终于又有力气站起来的时候，她把那双男式慢跑鞋从鞋架上拿下来，然后走到窗前，抬起头看向寥落星空的深处，想起那个去往远方的人。

他已经不关心了，不会有一丝一毫的触动或心疼。他的悲喜，有新的萦系。她是他翻过去就不会再回顾的一页。

她对着那片星空，轻轻地，轻轻地说了句：
“嘿，我还没有痊愈。”

伤我心的权利

那天遇见你，比我能够做出的一切设计都要好。新的社区，新的车子，英姿飒爽的闺密，美丽可爱的孩子，还有塑身成功的我。碰巧那天我还穿上了老公新送给我的YSL[1]外套。

其实之前我想象过很多次与你重逢的场景。起初我幻想着你又发现我的好，我们再续前缘；后来就纯粹是为了赌气，抱着要让你后悔的想法用力生活；再到后来，我不在乎了。

有一个朋友曾经对我说，今天你以为自己永远忘不了的那个人，数年之后，你连他的手机号码都会想不起来。原来这是真的。何止手机号码，在今天之前，连你的长相都在我的记忆中模糊了。于是，我知道，我越过你了。英语中的那句I'm over you，被我理解为“越过你”。你是一座山，横亘在记忆里。我永远无法到达

[1] 即圣罗兰，世界著名时尚品牌。

幸福，如果不先越过你。

命运往往就是这样，在你完完全全不再出现在我的脑海里之后，你又出现在我的视线里。这样，我的欢喜与苦涩，都会刚刚好。有所失，又有所得，是完美的一课。

老天爷太睿智。

原来我与你的终点在这里。不不不，the end（剧终）早已显示在六年前，而今天，是一段长长的雪花屏之后，观众都散场离席了以后，突然跳出来的一段莫名片花。你说多有趣。

现在想起过去，当然已经无关痛痒。而想起你，我亦不会虚伪地说就像想起一位老朋友了，更确切地说，是像想起一位老师。你给过我的那些伤害，现在想起来，竟然是一个女孩在通往可爱女人的道路上不可或缺的。

我已经不爱你了，但还记得爱你的感觉。它们或悲伤或寂寞，掺杂着有限的甜蜜。后来我惊讶于你怎么会有那么多的机会伤我的心，但我随即发现是我自己给了你这样的权利。

爱就是赋予你伤我心的权利。先是一点点地，我让你和我一起决定我在这一天乃至几天之内的心情。然后，我发现这已经成为你一个人专属的权利，而且你将之发扬光大，你拿捏我的喜怒哀乐，轻松得如同探囊取物。一个眼神，你就能让我从人间升入天堂；而一句看似不经意的话，你又能将我像刚刚起飞的风筝被线扯住了翅膀，然后没着没落地掉落在电线杆上。

甚至，不在我身边的时候，你亦未弃权。某个瞬间，关于你的某个片段，都能让我的嘴角上扬，或让我的双眉紧锁。你在我的情绪中设下许多埋伏，如同一颗颗小小的定时炸弹，提醒我，你，才是它的主人。

那感觉不好，但彼时的我甘之如饴。即使后来在你申明放弃这权利之后，我依然执着地、犯贱地将控制我情绪的按钮安在你的身上，不肯收回。直到又过了许久许久。和这魔法的发生一样，说不清从哪一天开始，它消失了。

我自由了。这自由亦像潮水漫过渴望已久的苔藓，先是从我的理智开始，一点点地漫过我的身体、我的日夜、我的心。

能够伤我心的人其实唯有我自己。当我爱你，我将这权利赋予你。但你若伤它太多太深，我会收回这权利。有时会有点艰难，因为我的心会一下子搞不清状况，不知道该听命于谁，但假以时日，它会习惯——习惯将你与我的喜怒哀乐重新隔离。

感谢你这样一个老师，从那以后我再未将这样的权利轻易交付他人，除非我确定他会小心地使用，或者小心地不使用。爱情中的我们天生脆弱，类似于将内部暴露出来的贝类。只是，区别在于，有些人与你柔软贴着柔软拥抱，而有些人只会用他的坚硬扎你一刀。

到了今天，当我成为一个母亲，我已经坚强到足够温柔。所以，当你追上来，拍打着我的车窗说出那句“对不起”，我先是错愕了一下，然后便微笑着告诉你“没关系”。

真的，没关系。现在的我，很幸福。也愿你幸福。
就这样，我不再关心你的爱憎，你不再控制我的悲喜。
多好。

三 次 离 别

时间过去了那么久，她还清楚地记得第一次遇见他时的情形。他的白衬衫被楼梯尽头的风吹得鼓了起来，像一只振翅欲飞的鸽子。她十四岁的少女心滑向一个不知名的所在，从此不再属于自己。

好像遇见他就是为了离别，就像爱上他就是为了感受这个世界有多么寂寞。她十六岁的时候，他离开家乡去读大学。在火车站，她鼓足勇气请他等她。他却只是笑一笑，不置可否。她把那个微笑视作约定，于是她的高中生涯有了无比清晰的指向。她学得很苦，将每一次考试的成绩单寄给他，她相信他能看懂它们——我来了，我来了。等着我，等着我。

终于，她来到他的校园。他在盛夏的浓荫里，鼓起的白衬衫唤醒了她记忆里的鸽子。她以为他会向她走来，执起她的手，开始他们共同的旅程。然而他给她的只是又一次离别。他告诉她，他即将出国留学。

他不在的日子里，她努力让自己变得更美更好，来准备与他的下一次遇见。从第一次在楼梯口遇见起，时间已经过去了十年，芳华弹指刹那，爱情却从未来临，记忆里有的只是等待、遇见与离别。

他回国了。她并未急着去见他，她要为这一次的遇见做最精心的准备。这个世界上有很多旅行的理由，而她的这一个，也许过于奇怪——为了遇见一个早已认识的人。

她走过每一座有他的痕迹的城市：他出生的青岛，他喜欢的杭州，他留学的异国。她支着长柄伞，在异国的雨雾中走过他曾经走过的街角。你知道吗？当我飞得离你越来越远的时候，其实我正在用自己的方式靠近你。

她带着在每一座城市拍下的照片和一颗忐忑的心来到他的门口，却看见他拥着另一个女孩从电梯里出来。在那一刻，那颗十四岁的少女心继续滑落，终于到达了那个不知名的所在。原来，它的名字，叫作自由。

她轻轻地将那叠三个国家七座城市的照片放在垃圾桶的上方，坚定地走向清冷的夜风和自由。终于，在和他分别三次以后，她遇见了自己。她曾经那么努力地想要再次与他相遇，努力到整个人都焕然一新。为此，她感谢他，虽是错爱，亦无悔。

你 是 一 堂 太 晚 毕 业 的 课

嘿，未婚夫：

我想这个称呼可以充分表明我们走入彼此生命的程度，或者说曾经走入彼此生命的程度。因为在你放下这封信的那一刻，我将自动取消自己“未婚妻”的资格。我尝试着心平气和地写这封信。不是为你，而是为我曾经那段岁月。从十九岁到二十七岁，整整八年，我这辈子最精彩的时光之一。我说“之一”，是因为我坚信，离开你之后的我，一定会活得更加精彩。

你看到这里，想必已经开始不以为然，甚至会轻蔑地笑出声来。我能够清晰地看见你那副样子：嘴角一撇，打鼻孔里喷出两股冷气。这是你最惯常的表情，这个世界上有太多令你轻视的事情。譬如说，我的工作，我的父母，我的朋友。我在外企里打的这份牛工[1]，

[1] 跟牛一样的工作，指工作辛苦。

当然不像你机关科员的工作那样高高在上，阳春白雪。尽管我的工资是你的三倍多，但还是远远没有你们不时发一张两百元的超市购物卡尊贵得体。

我的父母除了研究怎样以最实惠的方式保养身体，将角角分分存下来，希望早日帮我们还清房贷、减轻负担之外，自然也没有什么太大的见识。

还有我的朋友，她们都是一些庸俗不堪的人，所以关心的事情脱不开吃好、玩好、过好。她们不仅在聚会时没有对你青眼有加、大肆吹捧，竟然还愚蠢地觉得我跟着你受了委屈！更加愚蠢的是，我竟然还将她们说的话告诉了你！现在想起来，我真是对不起闺密。

你是这样轻视我的圈子、我的生活，为什么还和我纠缠了整整八年，我不得而知。但我是怎样在不知不觉中浪费掉这八年的呢？李宗盛有一首歌《鬼迷心窍》，歌词大概就是我现在想说的话。

“鬼”是从十九岁那年缠上我的，起因是我看到了你发表在校刊上的诗作。那首诗的其他部分我已经忘记了，只记得结尾那句“河床干涸了，让我们相濡以沫”。我少女的心，瞬间被这句近似承诺的诗句打动。自那之后，我尝试着接近你，而你也欣然接受。是的，当初是我先追的你，这也是你后来一直挂在嘴边的话柄。

我是爱过你的。很深，很纯真，就像小鸭子将睁开眼看见的第一个生物认定为母亲一样，我将情窦初开后的第一次心动认定为爱情。也许是因为第一次爱，我不懂得隐藏，也不懂得策略，我在你的拥抱中，连双手都不确定该放在哪里才好。

在你的面前，我是赤裸裸的，他们说这是爱情中的大忌。也许这也是你一直轻视我的原因，但我本来以为被你轻视的仅仅是我的圈子和我的生活，直到昨天我才发现这个事实：你轻视的还包括我这个人。

昨天，我去你的公司等你下班。你不在座位上，你的同事认识我，所以让我坐在那儿等你。也许是一时控制不住好奇心，我打开了你和你哥们儿的QQ聊天记录，虽然我明知道这样会引起你的斥责，但我还是看了。此刻我是多么庆幸自己有着那份好奇心，否则我就将在三个月后嫁给一个如此形容我的男人：“结就结吧，反正也就那么回事。年龄稍微大了点，长得也一般。早知道上次相亲的时候把那个妞儿拿下就好了。”

那天后来的事我记不清了。再有记忆的时候，我躺在自己的床上，眼泪源源不断地往外流淌。我甚至不记得有没有将你的聊天记录关掉，但从你今早一反常态的问候电话来看，我应该没有关。

那么你还是想娶我，想让这件事就像没有发生过一样。为什么呢？我真的不理解。你对自己的评价是那么高，又何至于勉强自己娶一个自己如此轻视的女人。

也许你是为了已经付了的酒席订金，为了已经发了一部分的结婚请帖，为了你最在乎的母亲，但我想你肯定不是为了我。如果你是为了我，你就不会选择这样处理这件事。至少，你会给我一个解释，一个交代，一点安慰，你不会希望我在明知道自己不被爱的情况下和你走进婚姻殿堂。你不会先对我如此无情，然后又对我如此残忍。

我曾经对自己说，你的敏感、你的任性，都来自于你的成长环境，这也是我应该加倍怜惜你的原因。我们成长于截然不同的环境，这与金钱无关。只是我的父母会告诉我你离开家乡在异地工作不容易，要我多多关心你；会在周末烧好你最爱吃的卤蛋红烧肉，让你吃完后十指不沾阳春水地坐在沙发上看电视；会开诚布公地拿出所有存款来支持我们买房子，鼓励你现在困难一点没关系，每个年轻人都是这么过来的。

而你的父母，他们会在我第一次上门的时候对我摆脸子，让我吃剩菜，原因是怕给我多了脸面，我会翘尾巴；他们会在发现我喜欢上淘宝买平价衣服的时候勃然大怒，尽管我自己的工资支付这个绰绰有余；他们会在每一次谈及有关婚房或婚礼的话题时装聋作哑，只明确要求家乡的酒席规格必须由他们指定，而钱必须由我们支付。

对于这种种的对比，我不是不清楚，也不是未曾心存委屈。只是我曾经以为，我们是一体的，所以我的委屈势必也是你的。甚至，我以为如果我流露出丝毫委屈，你将会因此感受到百倍的难过。所以我隐忍，我自认为我的隐忍将会是你愈加爱我的原因。现在想来，我这样的想法真是可笑、荒唐、自作多情。

在那样的环境下长大，你的性格必然有许多阴冷的成分。这是在你难得心平气和地自省的时候，自己承认的。更多的时候，你将这种阴冷称为“智慧”，而将我的快乐称为“无脑”。你将我父母的付出称为“投资”，他们在你的眼中，是一对煞费苦心地贿赂前途无量的你的精明老人；而你将你父母的自私称为“单纯”——是的，他们单纯得心中从来容不下我这个准儿媳、他们的亲家以及我们的小家，他们的心中只有自己的利益和面子。

写到这里，我可以想象你读这封信时暴跳如雷的样子。你大概不会想到，那个在你灌输的价值观中被扭曲了八年的女人，会有朝一日，突然醒来。你大概也不会想到，我在二十七岁的“高龄”，在付出了如此之多的身心之后，还能有勇气离开你。

离开你，结束这一切。写下这八个字的时候，我竟然有一种重获新生的感觉。以前我从未想过有一天我会做出这样的决定，即使在被你责骂之后在街头痛哭，即使所有的朋友都委婉地劝说我慎重考虑，即使在我陪着父母将他们一生的积蓄从银行里取出来的时候。

那是因为，这些都还没有触及我的底线。那个底线就是，我们是相爱的。如果这个前提存在，其他的就都只是方式方法的问题。

但如果连这个前提都不存在了，或者说都是虚伪的，那么这一切就不仅仅是可悲，简直是可耻。

君子绝交，不出恶声。我只是想尽量写清楚昨天以来我的心路历程。如果有什么令你觉得受伤害的地方，我先说一句对不起。也许你多少可以原谅我一点，看在一个女人过去的八年时间的分儿上，还有她曾经为你做过的那么多顿饭、打扫过的那么多次卫生，以及还过的那么多张信用卡账单的分儿上。如果这些都还不够，那就算是为了她的“无脑”原谅她吧。她甚至无脑到不知道自己的未婚夫从什么时候起又去相亲了。

或者你从来没有停止过找寻，找寻你心目中那匹配得上你的“骏马”。那么，就让我这头你心目中的“驴子”在此一鞠躬谢幕。他们说爱情是一堂课，我想，我从你这儿毕业得有些晚，不过好在总算拿到毕业证了。至少，这个月不用还你的信用卡账单，我可以去淘宝多买几件衣服了。

我写这封信，以免你在发现我不接电话不回邮件将你QQ拉黑后感到奇怪。不必费神联络。有些人，分手后确实还能做朋友，但我想，那里面不包括我们。

一个感谢你令她成长的女人

致你，我可爱的灰姑娘

杨欢：

你好。这不是我给你写的第一封信，在此之前，我给你写过两封信，准确地说，是一封信加一张字条。

那封信写于十四年前。你没有收到，因为我没有寄出。当时，你是甫进大学校园最受瞩目的美丽少女，而我不过是来自县城，连肯德基和麦当劳都分不清楚的土鳖少年。土鳖少年控制不了他的暗恋，一如控制不了他的自卑。还好，土鳖少年控制住了他的理智，因此他将写好的情书投进的不是邮筒，而是垃圾桶。

那张字条写于十三年前，我们都已经升入大二，我一厢情愿地以为，你或许也会注意到虽然算不上优秀但一直默默关怀着你的我。于是我有了这个安全而猥琐的计划——我趁你去洗手间的工夫，将这张没有署名的字条放在了你的课桌上。我想，但凡你对我有一点点意思，稍后都会对上我的目光——它就在你的侧前方，我已经在这个位置上自习一年多了。

但是，你没有。你的目光从我的脸上一触即走，就像蜻蜓遇到毫不留恋的花朵。我知道了，你的眼里、心里都没有我。所以，剩下的两年大学光阴，都被我用来做爱你和压抑爱你的战争。只是到了快毕业的时候，这场战争里又掺杂了其他一些复杂的情绪。因为，你的身边出现了一个他。而且他居然既不英俊，也不纨绔，只不过是一个和我一样来自小地方的书呆子。

当然，还是有不同的。最大的不同就在于他敢争取你，而我不敢。有关你的战争从来都只在我的脑海里进行，在现实世界里，我从未为你而战。

我告诉自己，你这样的女孩不可能属于我这样的男孩；我告诉自己，各人有各人的缘分，强求不来；我告诉自己，外面的世界里还有许多可爱的女孩，爱你的难受劲儿忍一忍就过去了。然而，我所有的说辞都掩盖不了这样一个事实：我视被你拒绝的痛苦大于可能得到你的快乐。我爱你，但我更爱自己，我自私，我不想独自开始一段爱情征程，我想先得到一些保证。

这个事实从几天前开始折磨我。几天前是我们毕业十周年的聚会。岁月是把刀，刀刀催人丑。一晃眼，我们都三十出头了。与其他的女同学相比，你依旧苗条漂亮，但她们老得胖得理直气壮，满嘴都是老公的升迁和孩子的幼儿园。而你漂亮得小心翼翼，仿佛欠着什么人一份交代。因为，你孑然一身。

知道这个事实的时候，我的心口空白了几秒钟，所有的人、声、光都不见了，连时间都不见了。时间不是由我们慢慢度过的，而是在某一个早晨，粗暴地捻起还是少女和少年的你和我，不由分说地将我们放在各自的角色里——我是供着房子、车子、孩子，挺着啤酒肚受上下夹板气的公司里的小头目！而你，当年的班花，是今天唯一还没有嫁出去的剩女！

我没有什么好抱怨的。凭我这样的资质胆略，能够得到这样的工作和妻儿，能够将他们护在我既无太大蛮力亦无太大野心的臂弯里，我心足矣。只是我原先以为时间会对你格外温柔，因为——

请原谅我必须停笔一会儿。我这颗久被烟熏酒泡的老爷们儿之心好像突然嗅到一缕清风，它甜蜜轻暖，从十八岁的年少岁月里徐徐吹来。

春天的时候，校园里总是盛开着很多的白兰花。初春的傍晚，你喜欢坐在三号楼旁边的草地上读书。你的头发大概刚刚洗过，脸上还带着点婴儿肥。微风拂动你的刘海，你稍稍不耐烦地将它拨到耳后。淡金色的余晖照着你，也照着三三两两看似无事的男生。你大概不知道，他们中的大多数是为你而来。校广播电台在六点整准时启动，背景音乐永远是郑钧的那首《灰姑娘》。

“怎么会迷上你，我在问自己。我什么都能放弃，居然今天难离去。你并不美丽，但是你可爱至极。哎呀灰姑娘，我的灰姑娘……”

这辈子无论七十岁、八十岁，贫穷、富有，战乱、和平，这一幕永远在我心底最柔软的那一隅。它已经无关爱情，而只属于岁月，属于永不再来的青春。我想，当时间收去这样的美好，势必也会带上格外的恩赐之心。

我从他们那儿听说了你后来的故事。这个故事听起来颇为滑稽，最终不甘清苦而“嫁”入豪门的人居然不是你，而是那个浑蛋。女同学说你一错在所爱非人，二错在沉溺于失恋太久，直到年近三十才又出来相亲，和一群90后女孩角逐。

其实我猜想，只是流年容易偷换，为一个不值得的人蹉跎三五年，或是一辈子，也不过是不经意间的事。一个像你那样的女孩，比起像我这样的男孩，获得爱情自然是易如反掌。好笑的是，你知道有一个说法，天鹅总是被胆子最大的那只癞蛤蟆吃掉。这样说来，美女遇到癞蛤蟆的机会，其实比普通女孩还要大一些。要不怎么会有“红颜薄命”的说法呢？

这样或那样的说法，明里或暗里的惋惜，在你听来大抵都免不了刺耳，这也是你提前离开同学会的原因。其实你不知道，一群糙老爷们儿半醉后，不知道谁带头唱起了《灰姑娘》，我们都没说，但是我们心里都很清楚这首歌是为谁而唱的。

毕业十年了，我们成了港湾，她们有了港湾，只有灰姑娘，不光没有嫁给王子，竟然还在漂着。人生真他妈扯淡。和那些“宁愿坐在宝马车里哭，也不坐在自行车上笑”的姑娘相比，灰姑娘的确不够世故和精明，不然就会早早锁定王子而不是癞蛤蟆，也就不会有你在同学会上黯然离去的背影。

请别介意一群糙老爷们儿偶尔的多愁善感，来年的同学会上，希望你携着王子出现，向我们证明扯淡的不是生活，而是我们。也让我们明白，自己永远是只能远远欣赏着你的癞蛤蟆。还有许多与你有关的回忆，恕我据为己有，不一一与你分享，除了一个画面，让我告诉你第一次我是怎样见到你的。

那是开学第一天的傍晚，军训的集结号突然吹响。我和室友边系武装带边慌慌张张地跑向连队集合地。校园尚且陌生，酷暑袭人，但在少年的眼里，什么都喜悦新鲜。然后我看到你。你从树荫下轻巧走过，军帽下梳着短短的麻花辫，笑靥浅淡。周围好像突然清凉下来，时间也静下来，少年的心从此被锁定。这么多年过去了，这一幕仍在我眼前，栩栩如生。

军训的时候，他们都说你外柔内刚。其实我从来没有机会好好地了解你，但我愿意相信这是真的。也许，你并不需要这些祝福和同情，你需要的只是好好做自己。人们看见玫瑰，总是习惯性地寻找花瓶，却不知道玫瑰在意的只是阳光和空气，自由自在。

即便如此，有一句话我还是想说。我几番踌躇，担心它轻薄于你，有负于妻，见笑于人。但我随即鄙视自己，踌躇了十年，却还是一句真心话都不敢说给你听。那句话就是，如果能够回到从前，我不会再因为自卑和自私错过你。我会追求你，不屈不挠、死缠烂打地追求你，和那个浑蛋竞争，向你证明我才是能给你幸福的那个人。然后娶你，疼惜你，让同学会上所有的女人羡慕你。

这话有些无聊，也有些无耻，所以我只说一遍，算是偿十四年前的少年痴情，以及换今日你的莞尔一笑。然后我便回到我的日子里，用这样的爱去爱我的妻。

夜深了，妻儿都已睡着，我独自坐在这里，算是偷时间之外的片刻，翻阅一下自己的年少岁月。它关乎一首歌、一些傍晚和一个可爱至极的女孩。那女孩无论现在身在何处，都会因这样的可爱而得到幸福。

所以我写这封信，为了你，以及那些岁月。我不会让你知道我是谁，只是想让你深深记住：你，与美好有关，永远。

一个曾经暗恋过你并深深祝福你的人

我们始终没有牵手旅行

很多年后，他收到她从海岛寄来的明信片，上面写着：我们始终没有牵手旅行。他有一瞬间的失神，被一种岁月带来的遗憾击中了心房，但是他定了定神，将明信片撕碎了。他选择将遗憾留在心里，而将岁月留给他此刻爱着的人。

曾经深爱过。深得我们都以为不可能有我们到不了的永远，不可能有除了“我们”以外的存在于这个世界的方式。结果永远来了，那个人不在你身边。“我们”也成了一个被丢弃在时光里的词，现在的你们，是两个彼此不会问候的陌生人。永远，原来它陪伴的不是爱，而是怅然若失。

有那么多地方我们本应该一起牵手旅行：热情的海岛、如画的水乡、有银杏叶子的深秋的北京，以及雨季里撑着长柄伞的欧洲街头。我们早就打算好，用我们的欢笑和亲吻将它们一一涂抹。

本应该，本应该。我们的爱留给我的，只有无数个“本应该”。你本应该永远爱我，我本应该是你甜蜜的小妻子。那一次争吵本应该只是一次小别扭，我们本应该重归于好，哪怕分开无数次。

一切都不对了。这个世界变得如此陌生。我要用多久去习惯你不再关心我这个事实。是的，你不再关心我。我快乐也好，伤心也好，爱你也好，不爱你也好，你都不再关心了。

我突然发现，对你而言我还不如一个陌生人，因为他们都还有些许可能被你爱上，而你不会再爱我。你爱过我了，爱完我了，我是你翻过去就不会再回顾的那一页书。

后来我开始一个人旅行，一个人一一走过那些我们曾经相约走过的地方。我把这看作对你的告别，在你早已告别我之后。我没有写明信片给你，因为我明白，这是我一个人的事。

我在异乡的春酒里，抵御着有关你的忧愁。它们终会愈来愈浅，但我之前从未想过有一天，我会将“忘记你”当作我的心愿。虽然这过程如此疼痛，我还是没有后悔认识你。我只是，有那么一点点，一点点遗憾——

我们始终没有牵手旅行。

随 它 去

曾经有一段时间，我期盼着传说中的“人生得意之秋”。后来我明白，升官发财、衣锦还乡的人毕竟是少数，对于大多数人来说，生活不来添乱就很不错了。

发愁真是人生常态，马路上来去匆匆的行人，有一多半都在发愁。三十岁之前，发愁的结果显示为额头长痘，三十岁之后，发愁的结果显示为深深的川字纹。我一看见川字纹特别深的人，就替他愁得慌。

后来我又发现，只要生活别来找我，我就可以过得很好。别用让人崩溃的大事来找我，例如家人病了、公司裁员了；也别用狗屁倒灶的小事来烦我，例如热水器坏了、电脑启动不了了。我找到了人生得意之秋的至高境界，那就是，若无闲事挂心头。

这句话听起来容易，做起来可不容易。看看你周围，能做到心无挂碍的人有几个？大部分的人都有自己的烦恼。朋友一起吃个饭，散席的时候总是各自嘀咕："我还得去……"你再看看，这个世界永远不缺的是抱怨，年轻人抱怨失恋、失业，中年人抱怨伴侣、孩子。

其实都是闲事。我爷爷去世之前那几年，怎么也不和人说一句话，我们都以为他是老年痴呆，结果去世那天他开口了："都不是什么重要的事。"人要活一辈子，才会有这种智慧。和他老人家相比，痴呆的是我们。

要经历很多以后才会知道，无须大富大贵，若无闲事挂心头，这就是人生的理想境界。心头无闲事，就像杯子里的水被倒空了，这样才能静下心来感受生活的美好。

若无闲事挂心头，也是在给生活做减法。人总是迫不及待地往自己的行囊中添东西，其实到了一定的时候你会发现，减掉一些，才更幸福快乐。

若无闲事挂心头，要学会感恩、知足。我们常常会被虚荣蒙住双眼，我们的人生目标，从"怎样让自己活得更快乐"，变成了"怎样让别人羡慕我们"，而忽略了自己真正想要的。其实，能让自己更快乐的，往往是一些微不足道的小事，冬天里的一杯热茶、久别后的一个拥抱，将关注的焦点重新汇聚到自己的感受上，你就会发现这些被忽略的美好。

若无闲事挂心头，还需要有智慧懂得什么是“闲事”。活到我爷爷那个境界，生活中基本上没有什么不是“闲事”了，但活在尘世中的我们也要学会放开一点，别将什么烦恼都摆在眼前，挥之不去，有些事过得去与过不去只在一念之间，你需要的是let it be[1]。

写了这么多，电脑里又涌进来五封邮件，手机上漏掉一个未接电话，号码显示是“修车店”。

春有百花秋有月，夏有凉风冬有雪；若无闲事挂心头，便是人间好时节。

[1] 意为随它去。

幸福会敲第二次门

她在二十八岁时踏上火车，前往那座故意遗忘了的城市，去缅怀曾在这里逝去的一段感情，这段感情被闺密称为“好女孩遇上坏男人的故事”。而其实，她的任性、莽撞和不成熟，才是最终将这段感情耗尽的原因。这一点，要到很久之后，她才明白。

他在附近出差，突然想去这座城市看一看。因为前女友是那里人。时间过去太久，他甚至记不清当年是因为什么而放手，但他记得她的眼泪和自己的落寞。幸福总是稍纵即逝，他不无遗憾地想。

前半程他们一直在看风景，后半程他们终于发现了坐在对面的彼此。寂寞和追忆像暗号，在他们的眼睛里隐秘燃烧。终于，她对他微笑；而他问她：“嘿，是一个人旅行吗？”

下了火车，他们都有些不知如何是好，于是先找酒店住下来。进了房间，她拉开所有的落地窗帘，突然觉得自己的这趟“成长之旅”并无意义。而他在隔壁的房间里，正在后悔没有将这个周末消耗在足球场和电影院里。他们各怀心事地一起吃晚饭。温馨的居酒屋，清冽的梅兰竹酒，他们都喝了不少，想在半醉的沉睡中度过这一趟莫名其妙的旅程。他体贴地将鱼籽寿司放到她面前，后来她发现，那其实也是他最爱吃的。

这个本来注定落寞的晚上结果愉快得不可思议。她想，是他还是路灯，让他们的身影看起来似乎已经一起走了好远好久？他想，是她还是清酒，让自己一直有亲吻那张苹果脸的冲动？

结果他真的吻了。在她的房间门口，他试探的吻落在她的嘴唇上，由清浅到炙热，流连不去。然后他们都从醉意中清醒了过来，无法解释自己是怎样从火车上跌落到这只有彼此的狭小空间里的。她看了看满脸尴尬的他，匆匆逃离了。

她彻夜失眠，决定一早就悄悄离去。没有感情能以这样的方式开始，她理智地告诉自己。成熟了的她，不愿再陷入暧昧的纠缠。天亮了，她打开房门，发现一束鲜花和一张字条，上面写着：“你好！我叫薛亮，我能请你吃早饭吗？”

她从上一段感情中学会了不纠缠。幸运的是，他从上一段感情中学会了不轻易放手。她将脸埋进花束，微笑起来。她终于相信，有时，幸福会敲第二次门。

纪 念

她住在他楼上。每次在电梯里遇到她，他脑海里出现的总是“妙龄女郎”这个词。她不仅妙龄，还非常之曼妙。

是她追的他，先是请他帮忙修水管，后来又请他去看电影，片尾曲中她秀丽的脑袋缓缓降临在他的肩膀上，他才心脏狂跳地相信她是看上自己了。

今天是他们恋爱一周年纪念日，他打算今晚向她求婚。他精心准备了晚餐，草莓蛋糕里藏着一枚戒指。可没到吃蛋糕的环节，她已经醉了，俯在他怀中，流着泪告诉他她和初恋的故事。

她和初恋相识于大学校园，才子佳人，一见钟情。毕业后，他们拍了婚纱照，订好了饭店。可就在这时，发生了那场震惊全国的大地震。地震发生时，初恋正在当地旅游。十天之后，她接到通知，他们找到了他身体的一部分。他们不让她看，于是她怀疑他们在骗她。直到他们把他的手机交给她，那里面还存着他最后发给她的那张照片。她晕了过去。

她花了许久许久，才从心灵的断壁残垣中爬出来。她想象着一个盒子，里面是有关初恋的一切，他的味道，那每次拥抱时充盈在她的鼻尖、给她无比的安全感的味道——他一直用的香皂的味道。她把这个盒子紧紧地锁上，只允许自己在每一年的某一天翻阅回味一次。

他把哭累了的她抱到床上躺好，梦游般地出了卧室，一抬头却发现自己正坐在卫生间的马桶上，他的目光落到那件东西——香皂上。

“你给我安全感。”她哭着说，“你和他有同样的味道。”那就是这薄荷香皂的味道了。原来一切的解释就在这里。没有什么佳人垂爱傻小子的故事，他只是一个恰好和她爱的男人用着同一款香皂的——纪念品？

生平第一次，他想抽烟。在袅袅的烟雾中，他问自己：“她爱我吗？”他回想着她常常贪婪地嗅他身上的味道，她眉宇间那始终挥之不去的落寞。她爱他吗？他不知道。那么，他爱她吗？他再点燃一支烟，脑海里浮现出她的样子，她默默地站在电梯角落，她不常见却分外甜蜜的笑……于是他知道了，那答案清晰得让他心酸。

妈的！他竟然掉了两滴眼泪。他熄灭香烟，去卧室给她掖了掖被子，出来，三两口把草莓蛋糕塞进嘴里，把戒指擦干净，收好，锁进抽屉。

他出门，大步流星地奔向最近的超市，挑出柠檬味最重的香皂，买了一箱，回家，进浴室，上上下下，里里外外，把自己好好洗刷了一遍，用去了半块柠檬香皂。他闻了闻自己，活像一颗挂着水珠的大柠檬。

他决定，等她醒来，就以这样的自己重新追求她。他对自己说，大老爷们儿，在哪里跌倒就从哪里爬起来。他能等，他会分辨，等到她的眼睛是为着自己的味道而闪亮的那一天，再把戒指拿出来。

她好像有动静了。他想他该出去了。他想他会向她伸出手，说："你好！我叫张浩。我住在你家楼下。我能请你看电影吗？"

图书在版编目（CIP）数据

你有权以自己的方式长大/Clara写意著.—长沙：湖南文艺出版社，2014.7
ISBN 978-7-5404-6779-1

Ⅰ. ①你… Ⅱ. ①C… Ⅲ. ①散文集—中国—当代
Ⅳ. ①I267

中国版本图书馆CIP数据核字（2014）第121726号

上架建议：随笔·励志

你有权以自己的方式长大

作　　者： Clara写意
出 版 人： 刘清华
责任编辑： 薛　健　刘诗哲
监　　制： 刘　丹　张应娜
特约编辑： 谢晓梅
营销编辑： 李　颖
封面摄影： 果　灵
装帧设计： 荆棘设计
出版发行： 湖南文艺出版社
（长沙市雨花区东二环一段508号　邮编：410014）
网　　址： www.hnwy.net
印　　刷： 北京鹏润伟业印刷有限公司
经　　销： 新华书店
开　　本： 880mm × 1230mm　1/32
字　　数： 165千字
印　　张： 8
版　　次： 2014年7月第1版
印　　次： 2015年4月第2次印刷
书　　号： ISBN 978-7-5404-6779-1
定　　价： 32.80元
（若有质量问题，请致电质量监督电话：010-84409925）